中国文化知识文库

古代战役与战争

徐　潜／主　编
张　克　崔博华／副主编
欧阳丽　宋莉莉／编　著

吉林出版集团
吉林文史出版社

图书在版编目（CIP）数据

古代战役与战争 / 徐潜主编 .—长春：吉林文史出版社，2013.3（2025.9重印）

ISBN 978-7-5472-1475-6

Ⅰ.①古… Ⅱ.①徐… Ⅲ.①战争史-世界-通俗读物 Ⅳ.①E19-49

中国版本图书馆 CIP 数据核字（2013）第 063591 号

古代战役与战争

GUDAI ZHANYI YU ZHANZHENG

主　　编　徐　潜
副 主 编　张　克　崔博华
责任编辑　张雅婷
装帧设计　映象视觉
出版发行　吉林文史出版社有限责任公司
地　　址　长春市福祉大路 5788 号
印　　刷　唐山富达印务有限公司
版　　次　2013 年 3 月第 1 版
印　　次　2025 年 9 月第 5 次印刷
开　　本　720mm×1000mm　1/16
印　　张　10.5
字　　数　250 千
书　　号　ISBN 978-7-5472-1475-6
定　　价　68.00 元

序　言

民族的复兴离不开文化的繁荣，文化的繁荣离不开对既有文化传统的继承和普及。这套《中国文化知识文库》就是基于对中国文化传统的继承和普及而策划的。我们想通过这套图书把具有悠久历史和灿烂辉煌的中国文化展示出来，让具有初中以上文化水平的读者能够全面深入地了解中国的历史和文化，为我们今天振兴民族文化，创新当代文明树立自信心和责任感。

其实，中国文化与世界其他各民族的文化一样，都是一个庞大而复杂的“综合体”，是一种长期积淀的文明结晶。就像手心和手背一样，我们今天想要的和不想要的都交融在一起。我们想通过这套书，把那些文化中的闪光点凸现出来，为今天的社会主义精神文明建设提供有价值的营养。做好对传统文化的扬弃是每一个发展中的民族首先要正视的一个课题，我们希望这套文库能在这方面有所作为。

在这套以知识点为话题的图书中，我们力争做到图文并茂，介绍全面，语言通俗，雅俗共赏。让它可读、可赏、可藏、可赠。吉林文史出版社做书的准则是“使人崇高，使人聪明”，这也是我们做这套书所遵循的。做得不足之处，也请读者批评指正。

编　者

2012 年 12 月

目 录

官渡之战

官渡之战，是中国历史上三国时期的“三大战役”之一，也是著名的以弱胜强的战役之一。东汉献帝建安五年（200年），曹操军与袁绍军相持于官渡（今河南省中牟县东北），在此展开战略决战。曹操奇袭袁军在乌巢的粮仓，继而击溃袁军主力。此战奠定了曹操统一中国北方的基础。

一、战争前夕

中国古代的星宿学，将西方七宿中的白虎星称为“煞星”，意为主持杀伐的战神。认为凡有白虎星经过的地方，一定在某一个时空点上，发生过箭矢如雨、血肉横飞的战事。官渡就属于白虎星曾经眷顾的地方。

建安五年（200 年），在官渡，北方的两大军阀袁绍与曹操，发生了一场历时数月的极为激烈的战斗。

曹操与袁绍都是官宦世家子弟，而袁绍家族的门第更为显赫，因此他在东汉末年崛起的地方军阀中，始终显示出盛气凌人的优越感。他与曹操是少年时代的朋友，在反对宦官干政与董卓乱政的斗争中，又是同一战壕里的战友。此后，两人各自拉起队伍，成为割据一方的军阀。袁绍在河北，曹操在河南，两人的势力范围基本上以黄河为界。在连续数年的军阀混战中，两人时分时合，有时还共同御敌。这一对政治盟友的彻底决裂，缘于汉献帝被曹操迎到许都之后。

汉献帝名刘协，是汉灵帝的次子，被封为陈留王。董卓控制朝政后，认为他比较机灵，年纪也比较小，好控制，便废除少帝刘辩，拥立刘协即位。不久，董卓一把火烧毁了洛阳的宫殿，将献帝掳到长安。五年后董卓被王允设计杀死，汉献帝在大将军董承和杨奉几个人的护卫下，凄凄惨惨地踏上返回洛阳的旅途。经过将近一年的艰苦跋涉，才进入关内的河东地区。听说献帝归来，袁绍与曹操各自与部下商议如何处理与汉献帝的关系。

首先来说袁绍，在他内心深处，一直不怎么看得起汉献帝。说起来，这里面有一个故事：当年董卓打算废掉少帝，另立陈留王的时候，曾找袁绍商量过这件事情。当董卓说出自己的打算时，袁绍立即表示反对。他说：“这不行，少帝是太子，他合法继承

皇位，又没有什么过错，怎么能随便把他废掉呢?”董卓当即就沉下脸来，斥问道：“天底下的事情，只要我董卓想做的，难道还有做不成的吗?”袁绍不屑地回答：“是的，以将军的威势，只要你想做某一件事，天底下没有人能够阻挡你。”董卓一掀胡子：“那不就得了!”袁绍顶了他一句：“但是，有一个人可以阻挡你。”董卓一愣，问：“谁?”袁绍起身离座，大声回答：“我!”吐出这个字后，他头也不回地离去。

这一段记载，虽然对袁绍有溢美的成分，但当时的袁绍的确还存有忠于汉室、慨然以天下为己任的英雄气概。董卓本想拉拢袁绍，但是董卓出身没有袁绍好，不是什么世家大族，在那个十分重视门第出身的年代，出身于世家大族的袁绍根本看不上他。董卓见袁绍不肯与他合作，便决定对他下毒手。袁绍闻讯后，单骑逃往冀州。

此后不久，他使用不正当手段谋取了老朋友韩馥冀州牧的位置。几年间，袁绍便由名倾天下的“反阉斗士”蜕变为一个利欲熏心的军阀。更可怕的是，这个四代都为汉室重臣、出身名门的袁绍，早就萌生了皇帝梦。在这种情形之下，他怎么可能迎接献帝到他的邺城呢?

但是，他手下的核心人物中，仍有不少人对汉朝忠心耿耿。迫于他们的压力，袁绍只得开一次会议讨论此事。他手下的监军沮授、谋士郭图、将军淳于琼三人都在这次会议上发表了意见。

沮授首先发表意见说：“主公世受国恩，一门忠义。现在朝廷不稳，宗庙毁坏。我看天下所有的州郡，表面上都说要起兵勤王，实际上都是在攻城掠地壮大自己。没看到有谁真正地忠于皇上、爱惜老百姓。主公今天州城初定，拥有了河北四州，在众多诸侯中，实力最为强大。所以，主公理应恭迎献帝的大驾到邺城来。如果把皇宫建在邺城，主公就可以挟天子以令诸侯，以朝廷的名义讨伐奸雄，蓄士马以讨国贼，到那时，谁又能阻挡你呢?”

袁绍听了，觉得沮授的话是书生之见，好听不实用，因此默不做声。冷了一会儿场，淳于琼开口说：“沮授的意见，在下不同意。汉室现在已是日薄西山，皇室很难长久了。主公想复兴汉室，依在下看，难上加难。方今天下英雄

各据州郡，都在觊觎皇位。古人曾说‘秦失其鹿，先得为王’，这是谁都明白的道理。”

淳于琼把当时的形势和秦末作比较，认为袁绍就是刘邦，可以取代秦二世而开一代霸业，做一个雄视千古的英主。

淳于琼的话还没说完，袁绍的脸上就浮出了笑意。郭图也站起来附和淳于琼的意见。袁绍便问淳于琼：“将军的意思，是不同意将皇帝迎到邺城?”淳于琼点点头，接着说：“若主公把天子迎到邺城来，你做任何事情都得上表请示。如果按照皇帝说的去做，就显不出你的权威；如违抗皇帝的话，你又得背上抗拒天子旨令的恶名。因此我认为，把天子迎到邺城是自找罪受，绝非上策。”

沮授反驳他：“把天子迎到邺城来，是天下都能接受的公理，而且现在时机非常合适，这是关系到主公事业发展的大计。主公如果一面背弃皇帝，一面又想号令天下，其他的诸侯就会联合起来，以讨伐汉贼的名义来攻打邺城，董卓的教训不得不吸取。主公啊，您如果不早点做决断，一定会有人抢在前面，把皇帝迎走，到那时后悔都来不及了。还请您三思而行。”

这时袁绍再也听不进沮授的建议了，他觉得淳于琼的意见非常正确，因此决定不理睬汉献帝。

在对待汉献帝的问题上，曹操与袁绍的态度截然相反。当曹操听说献帝出了潼关，在今天河南的灵宝一带避难的时候，就有了迎回汉献帝的打算。

曹操之所以想要迎回汉献帝，是因为他的家族也是世受国恩，处在公卿地位，因此他心中还存有对刘汉朝廷的感恩之心。但更重要的是，他看中了汉献帝这块招牌，可以为自己的霸业服务。因为当时的一些士族以及广大的民间百姓，对刘汉的社稷还存在着心灵的归附与感情的依赖。他如果控制了汉献帝，就有可能获得民心。

奇怪的是，在曹操举行的会议上，他的谋士们大都反对迎接汉献帝，这一点与袁绍的谋士们倒是惊人地相似。曹操的首席谋士荀彧，同袁绍的首席谋士沮授一样，都衷心拥戴汉室，也都具有拨云见日的战略眼光。荀彧在会上力排众议，侃侃而谈：“将军若在此时能迎来天子，是上合天意下符民心的事情。自古得天道

与民道者，便是大顺势，此其一；其二，迎来天子可以号令天下英雄，这是大策略；其三，在汉室衰败的时候，迎回天子重振社稷，这是大功德。圣贤顺时而为，英雄择机而动，天下虽然有很多人反对您，但因为您的这个举动，他们就没有办法打垮您。主公，如果现在您不立刻做出决定，一旦天下诸侯生出各种各样的野心时，您想做这件事，也就来不及了。”荀彧建议中的三大，即大顺势、大策略、大功德，说得诚恳、动情。曹操当即采纳，并派中郎将曹洪带兵西进，迎接汉献帝。但是汉献帝身边的车骑大将军董承拒守险关，曹洪的兵马无法西进，第一次迎驾失败。

不久，献帝身边的几个重臣发生了内乱。董承和杨奉费尽九牛二虎之力，历尽艰难，终于在建安元年的七月一日，把汉献帝迎回了故都洛阳。汉献帝从离开洛阳到此次归来，经历了五年四个月又十五天。曾是雕梁画栋、繁华热闹的帝京，如今一片废墟。曾经照遍繁华的夕阳匍匐在离离的荒草之中，夜夜笙歌换成了断鸿的哀鸣。目睹眼前的景象，君臣莫不泪下如雨。

随汉献帝归来的文武官员，只好拔除荆棘杂草，住在断墙破壁之下。更可怕的是，洛阳十室九空，没有人为皇室提供粮食，汉献帝终日饥肠辘辘。董承下令，所有官员无论官职大小、地位尊卑一律到郊外去采摘野菜。野菜采尽，再也找不到任何替代的食品充饥，饿死的官员兵士不在少数，这时的汉献帝已经陷入了绝境。

洛阳之北，是袁绍统治的冀州邺城；洛阳之南，是曹操坐镇的豫州许县。袁绍对汉献帝的处境不闻不问，在这种情况之下，一直把汉献帝视为奇货而拒绝与曹操合作的董承，只好硬着头皮，秘密地请曹操来到洛阳。在汉献帝到达洛阳一个月后，曹操带兵回到了阔别七年的洛阳。

当曹操穿过败壁残垣，看到在破屋中栖身的小皇帝一脸菜色，不禁动了恻隐之心。这时，他有心把汉献帝迎回许县。但他知道，无论是董承还是杨奉，绝不会同意他的主张。

于是，他对董承和杨奉撒了一个谎，说：“洛阳虽然是都城，但已被董卓的一把火烧成了废墟。在下虽然有心重建，但绝非一朝一夕所能完成，加之洛

阳与邺城相距太近，袁绍久有篡位之心，倘若他派兵突袭，皇上就非常危险。而且，洛阳频遭战乱，如今已成弃地，粮食供应也成问题。依我之见，先让皇上暂时移居鲁阳（今河南鲁山），待洛阳宫殿修复后，再搬回来。”

杨奉对曹操存有极大的戒心，但见曹操说得头头是道，加之鲁阳在洛阳附近，不属于曹操的势力范围，因此就点头同意了。

但曹操把汉献帝带出洛阳后，在鲁阳并不停留，而是迅速走上回许县的道路。杨奉发现上了曹操的当，非常恼火，立即带兵追击，试图加以阻拦。在阳城县（今登封市告城镇）境内，被埋伏的三股曹军打得抱头鼠窜。曹操费尽周折之后，总算如愿以偿，实现了挟迎汉献帝的战略目标，当时正值建安元年（196 年）的庚申日（十月七日）。

建安二年的三月，华北平原已是春意融融，这一天，担任汉献帝宫廷少府职务的大名士孔融乘着驷马高车（四匹马拉的车）来到邺城。出于对名士的尊敬，袁绍亲自出城迎接并设盛宴招待。席间，袁绍问孔融：“少府大人，你此行是奉天子之命呢还是奉曹操之命?”孔融答道：“当然是奉天子之命。”袁绍问：“天子有何诏旨?”孔融吩咐随从打开锦囊，从中拿出献帝的诏书，恭恭敬敬送到袁绍手上。

这封诏书表示任命袁绍为大将军。袁绍将诏书朝案几上一扔，嘲笑道：“大将军这个头衔，天子不是赏给了曹操吗？怎么现在又转到我头上来了?”

袁绍这样说，是有原因的。汉献帝一到许县，便接受曹操的建议，将许县更名为许都，将年号改为建安，196 年即建安元年。一直担惊受怕的汉献帝，的确是想依靠曹操，重建强盛的大汉王朝，但这只是他的一相情愿而已。虽然献帝作为大汉天子，名义上有着统摄八方、威加四海的皇权，但他的号令难以贯彻。说穿了，他只是一个名义上的皇帝，不然也不会落魄到让大臣们去挖野菜过活的境地了。

他曾下旨给各地诸侯，希望他们向朝廷交纳粮赋，以分担中央财政的困境，但没有一个诸侯响应天子的号令。偌大一个中央政府，仅仅依靠曹操控制的豫州和兖州两个州的赋税来养活。从这一点上来说，曹操迎回汉献帝，实在是给自己增添了巨大的负担。

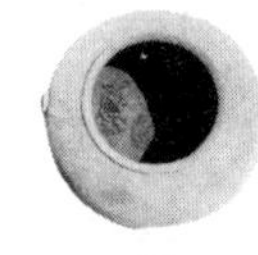

汉献帝来到许都三个月后，便按照新任命的大将军曹操的计策，下旨谴责实力最强大的袁绍，说他只顾着自己开疆拓土，聚敛财富，却全然不承担供养朝廷的责任。

袁绍接到诏书后，立即上表为自己辩护，他历数自己诛除干政的宦官、讨伐谋逆的董卓等历史功绩，对眼下皇帝与朝廷的处境，将责任一股脑儿推到曹操身上，认为迁都许县的做法令“洛邑乏祀，海内伤心”。

曹操一看袁绍硬的不吃，便来软的。他再次以献帝的名义任命袁绍为太尉、邺侯。当第二封诏书送达之时，袁绍十分愤怒地将诏书扔到地上。他认为这不是对他的尊重，而是对他的羞辱。因为太尉虽然位极三公，但名分却在大将军之下。皇帝之下，大将军是一把手，太尉只是二把手。

自恃兵多将广、粮赋充足的袁绍怎么受得了这种气，于是破口大骂：“曹瞒（曹操小名叫阿瞒）竟敢挟天子以令诸侯，欺负到我头上来了。”当使者从邺城回来，向曹操禀报袁绍的态度时，曹操一笑置之。

如何处理与袁绍的关系，一直是曹操优先考虑的问题。袁绍四世都是贵族，每一代都有人位列三公。曹操也是世家子弟，他的祖父曹腾是中常侍。曹腾的养子曹嵩当过太尉。不过，曹嵩的这个太尉是用钱买来的，因此引起很多人的诟病。曹操和袁绍年少时就是朋友，由于家庭出身的原因，两人都有着与生俱来的政治情结。只不过在后来的发展中，袁绍先声夺人，实力远在曹操之上。

曹操尽管心里非常厌恶袁绍，但审时度势，认为目前还不是与袁绍对抗的时候。于是做出妥协的姿态，把自己头上那顶戴了不到半年的大将军桂冠，摘下来送给袁绍。为了缓和气氛，他派袁绍的老友孔融亲自去邺城宣读献帝的第二道任命官职的诏书。袁绍在招待孔融的筵席上，对曹操极尽嬉笑怒骂之能事。

当然，这次袁绍没有退还大将军的桂冠，而是让孔融给献帝带了一封信札，要献帝搬出低洼潮湿的许都，到冀州境内的甄城再建都城。甄城离邺城不远，袁绍此时可能意识到当初没有迎回献帝是一个错误。

孔融从邺城回来，在献帝面前极力夸大袁绍的实力。袁绍提出的迁都建议，献帝甚至有点怦然心动。但是，曹操表现出来的强悍作风，让 15 岁的汉献帝望

而生畏。如果要在袁绍与曹操两人之间作出选择，汉献帝身边的人则大多愿意追随曹操而不肯依附袁绍。因为，在迅速崛起的这些军阀中，曹操的智慧和能力是数一数二的。

但是，由于和袁绍矛盾不断加深，众所周知，两人迟早要兵戎相见。因此，从建安二年起，许都就一直笼罩在战争的阴影之中。

两人之所以没有立即开战，是因为各自还有一些棘手的事情必须处理。袁绍那边，还有盘踞在幽州的公孙瓒准备伺机夺回被袁绍吞并的河北地区。而曹操这边，尚有吕布在徐州与他为敌。在此后的一年多时间里，曹操与袁绍都致力于清理自家的后院。公孙瓒与吕布，都先后被他们歼灭。

转眼到了建安四年的春天，一天夜里，曹操突然登门拜访闲居在许都的刘备。在东汉末年的英雄谱中，刘备早期给人的印象是一个政治流浪汉。这个自封为“刘皇叔”的草莽人物，总想干一番大事业，但始终找不到一块地盘来安顿自己的理想。他先后投奔过公孙瓒、陶谦、吕布与曹操，总想借助别人的势力来壮大自己，但总是功亏一篑，到头来弄得鸡飞蛋打，两手空空。

此前，刘备因为在徐州与吕布交恶，只好硬着头皮投奔曹操，并劝曹操在白门楼斩杀了吕布。此后，他随着曹操回到许都，过了一年多安静的日子。对于曹操的突然拜访，刘备颇感诧异，连忙起身相迎。互相寒暄之后，曹操单刀直入地问：“玄德（刘备的字），这些日子在许都赋闲，感到难受是吧？”刘备一惊，遮掩着说：“哪里哪里，这一年多来，我在许都长了不少见识。”曹操说：“我现在想让你做一件事。”刘备问：“什么事？”曹操说：“你知道袁术的动静吗？”刘备一愣：“袁术，他怎么啦？”

淮南王袁术，是袁绍族弟，兄弟二人早已反目成仇。袁术因袁绍是庶出，骂袁绍是“我家的看门狗”。在董卓攻进洛阳大肆劫掠的时候，袁术的手下孙坚在宫里拣到了一枚传国玉玺。据说这方玉玺是李斯为秦始皇所刻，有“受命于天，既寿永昌”八个字。孙坚被刘表手下的大将用暗箭射死后，袁术逼迫孙坚的遗孀交出了传国玉玺。袁术一直都做着皇帝梦，得到传国玉玺后，他相信自己是上天派到人间来继承汉室江山的真命天子。

于是袁术在建安二年春于安徽寿春称帝，自称“仲家”。但是，这位“袁皇帝”并未得到各路诸侯的认同，加之治下的淮南遭遇百年未遇的旱灾，袁术很快就陷入了天怒人怨的绝望境地。万般无奈，他只好硬着头皮联络早就成为仇人的兄长袁绍，希望前往邺城投奔他，并以传国玉玺与皇帝的封号作为见面礼。

袁绍接到袁术的信后，一来出于对传国玉玺的浓厚兴趣，二来他正急于组织抗曹的统一战线，于是决定收留这个比落水狗还要狼狈的弟弟。袁绍当即命令他的大儿子、时任青州刺史的袁谭率兵前往徐州接应。

曹操探得这一情报，便立即作出部署，要截击袁术。思来想去，他决定将这一重任交给刘备。听曹操说明原委，已是笼中鸟的刘备当即答应。他的心态是“此时不飞，更待何时”？

三天后，刘备就率领由曹操提供军需粮饷的数千兵马离开许都前往徐州。对于曹操的这一安排，他身边的谋士郭嘉、程昱都表示反对，他们认为刘备绝不是甘为人下之人，曹操让他带兵前往徐州，是放虎归山。但曹操认为刘备是可用人才，不可乱加怀疑。半年后，曹操就因为这一安排而险些酿成大错。刘备到达徐州后就杀掉了曹操的徐州刺史车胄，占领了徐州，与曹操决裂，并派孙乾与袁绍联和。这正是：“几许残阳画角哀，汉家陵阙入蒿莱。奸雄搅起狼烟处，忍看惊鸿绕帝台。”

二、张绣归降

（一）官渡之战前的基本割据态势

说起官渡之战前的张绣降曹事件，不得不简单交代一下当时的军事割据形势。以讨伐董卓为名的汉末军阀大混战，经过激烈残酷的交锋，到官渡之战发生前夕，已经形成了几个比较稳定的军事集团。以建安四年（199 年）初为界的话，当时的大致形势如下：

袁绍集团。此时，袁绍已经消灭了公孙瓒，占据青、冀、并、幽四州之地，民户百万，兵力数十万，势力最大。

曹操集团。建安三年（199 年）十二月消灭了吕布，占据豫、兖、徐、荆州北部、青州一部分，是仅次于袁绍集团的大军阀。此外，曹操还牢牢控制着汉献帝，“挟天子以令诸侯”，政治上占尽先机。

除了袁绍集团和曹操集团外，当时还存在大约八个较大的军事集团。北方有五个：辽东的公孙康、关中的马腾和韩遂、南阳的张绣、汉中的张鲁和淮南的袁术。南方的军事集团主要有三个：益州的刘璋、荆州的刘表和江东的孙策。

在所有的割据势力中，相对来说，袁绍和曹操的势力最大，并且已经呈现出对峙的态势。从两个人的个人抱负来说，又都有统一天下之志。因此，两军的冲突不可避免，兵戎相见只是时间问题。两军的交锋，必然会引起其他军团的注意，相互之间的关系若处理不当，就极有可能把朋友变成敌人，给自己凭空增加对手。

从当时的情况来看，公孙康远据辽东，张鲁、刘璋偏居西南，从地理位置上来说，他们鞭长莫及。孙策正在江东抓紧站稳脚跟，对中原逐鹿有心无力。马腾、韩遂也固守关中，采取观望之势。势力强大的刘表，缺少锐意进取之志，不知何去何从，竟然采取两不相帮的政策。袁术当

时气数已尽，奄奄待毙。因此，这些军事集团，对官渡之战的意义不大。但张绣一支势力，却对两方的影响甚为重大，而且，和其他军事集团相比较，张绣与曹操有着更深的恩怨。

（二）张绣和曹操的恩怨

张绣，武威祖厉人，是骠骑将军张济的侄子。由于关中连年混战，张济的军队给养出了问题，不得不率军出关，退到南阳，中流矢战死，他死后部队归属张绣统领。

张绣领有张济的军队后，就依附于刘表，屯兵于宛，依靠勇猛剽悍的凉州兵，替刘表把守荆州的北面门户。这样，曹操可就坐不住了。本来，袁术退出南阳后，曹操的南方威胁稍稍减轻了一些，现在，张绣却补充了这一地区的军事空白。

另外，若曹操想一统天下，南阳就是南下的必经之地。现在，自己的后方暴露在张绣大军的兵锋之下，曹操岂能坐视不理？建安二年(197 年)春正月，曹操亲率大军南征，兵锋迫近，大军压境之下，张绣举军投降。本来，这对曹操是极为有利的一种结果，却由于曹操处理不当，引起了张绣的叛离，曹操自己也差点丢了性命。其首要原因，就是曹操把张济的遗孀纳为已有。这件事情成为张绣叛离的重要诱因。

曹操的另一个不当之处，就是厚待张绣的部下，尤其是猛将胡车儿。胡车儿是张绣心腹，曹操的一些举动，令张绣寝食难安。最终，张绣听取了谋士贾诩的建议，对曹操来了个突然袭击。由于事出突然，曹操猝不及防，惨败而归。曹操的得力战将典韦力战而亡，就连曹操的长子曹昂和侄子曹安民，也死在乱军之中。

如果说过去双方的斗争，只是军事原因的话，那么从此以后，双方无疑更有了私人的恩怨。当年冬天十二月，曹操二入南阳，到宛城，攻取了湖阳(今河南省唐河县南)、舞阳(今河南省泌阳县境内)，建安三年(198 年)正月，还军于许

都。建安三年(198 年)三月，曹操三入南阳，把张绣围在穰城。

但就在此时，袁绍听取了田丰的计策，计划乘虚袭击许昌，迎献帝，“挟天子以令诸侯”，曹操不得不匆忙撤离了南阳。后来，由于东线吃紧，曹操不得不放下南阳，东进消灭了吕布。建安四年(199 年)，袁绍大军开始南下。八月，曹操进军黎阳。九月，就开始在官渡部署兵力与袁绍对峙。大概正是在这时候，袁绍展开了对张绣的劝降。但适得其反，到十一月的时候，张绣却率众投降了曹操。不久，曹操重回官渡，亲自坐镇这一重要军事门户，展开了对袁绍的进攻。

（三）张绣归降的重要意义

官渡之战前的局势，由于其他势力介入的有限性，张绣军的地位就显得尤为重要，也成为双方争取的对象。当时，袁绍派人劝降张绣。张绣很想答应，他的谋士贾诩却对袁绍的使者说：“袁绍连他的兄弟都容不下，还能容得下别人吗?”张绣大吃一惊：“我们不会也和袁术一样吧！如果真是这样，那我们该怎么办啊?”贾诩说：“我们不如还是投降曹操吧。”张绣不同意：“现在的形势是袁绍势力比较强，而曹操很弱，怎么能投靠他呢?”贾诩说：“曹操奉天子以令诸侯，我们归降他是从大义，而且正因为他比较弱，所以我们归降以后才显得更为重要，对袁绍来说多我们不多，少我们不少，他就不会太把我们当回事。现在应该以大局为重，还是放弃个人恩怨的好。”最终，张绣听从了贾诩的话，率众投降了曹操。果如贾诩所料，曹操对张绣的归降极为高兴。张绣到达的时候，曹操拉着他的手与他一起吃饭，还让自己的儿子娶了张绣的女儿，并且拜张绣为扬武将军。对于贾诩，曹操也是敬重有加，表诩为执金吾，封都亭侯，迁冀州牧。由于冀州未平，留参司空军事。

曹操对张贾二人表现得如此热情，说明张绣军对他的意义非比寻常。其首要意义，就是解除了曹操侧后方的威胁，使之可以专注于官渡一带的战事。当时，曹操建都于许，即今天的许昌市附近，此地在

当时归属颍川郡。而张绣原来驻扎军队的地方在宛，即现在的南阳市附近，当时归属南阳郡。

南阳地区和颍川郡相毗邻，而且自古就是南方势力北进的战略要地。春秋战国时期，楚国北上基本上都是取道南阳的。从两军的位置来看，张绣军时刻威胁着颍川地区，成为曹操的一个心头大患。曹操三次南征，其实就有解决自己腹地威胁的考虑。但由于种种原因，曹操费尽心思，却始终没有把张绣的威胁彻底解除。而今，张绣的归降，不仅使自己得到了勇猛善战的凉州兵，更重要的是，解除了自己后方的威胁。这样，曹操就可以全力关注官渡一带的战事，避免了两线作战的不利局面。

后来的战事进程，也在一定程度上反映了张绣归降的重要作用。第一个作用就是张绣军补充了曹操的军事力量。虽然张绣的力量到底在官渡之战的具体战斗中起到了多大的作用，我们已经无从知晓，但是我们能想像得出，那些剽悍的凉州兵，经过多次的战争锤炼，都绝非泛泛之辈。而且，他们由于是新归顺曹操的部队，为了表现自己，必然个个全力死战。

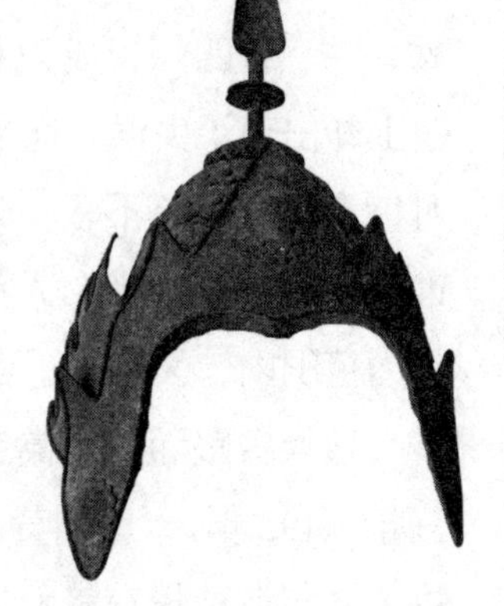

张绣的归降也保持了南阳地区的稳定。当时，刘备投降袁绍后，袁绍派刘备深入汝南一带，同龚都合作，骚扰曹操的后方，甚至斩杀了曹操派遣的蔡阳。但是，此时的南阳地区，却由于张绣的归降而被曹操牢牢地掌握，刘备向南无法和刘表取得联系，袁绍又不肯出重兵给刘备。所以，在整个官渡之战进程中，刘备虽然给曹操带来一定的麻烦，但没有给曹操的后方造成根本性的威胁。

可以想象，若是张绣没有归降的话，以他和曹操的恩怨来看，必然会同刘备合作，乘机攻打曹操的基地——颍川地区，官渡之战鹿死谁手还真有可能另当别论。当然，张绣归降，更有巨大的政治宣传意义。张绣与曹操的怨仇，不可谓不深。曹操霸占了张绣的婶子，张绣也杀了曹操的亲生儿子外加一个侄子和一员猛将。两家可以说已经是势同水火，曹操后两次进抵南阳，张绣也是拼死抵抗。现在，这样的对手归降后，都受到了如此优待，不正是曹操显示出诚心招贤纳士的胸怀吗？曹操过人的容人之量也确实令人敬佩。总之，张绣的归降，可以算作官渡之战揭幕前的一个小插曲，但是，它却在一定程度上影响了官渡之战的进程和结果。

三、决战时刻

（一）袁绍与曹操

初平元年（190年），关东各军事集团联合讨伐董卓时，各势力差不多都有数万人之多，当时关东各军事集团共同的敌人是董卓，他们之间还未开始互相兼并，处在刚刚建立自己武装的时期，因此，各军事集团之间的力量对比，没有太悬殊。在东汉末年那个讲究门第的时代，袁绍由于显赫的门第和社会声望被推为盟主。此后，袁绍先从韩馥手中夺取了冀州，又把势力伸到幽、并、青三州。初平二年（191年），袁绍消灭了幽、青二州的公孙瓒，遂完全据有幽、冀、并、青四州，成为北方最大的割据势力。但袁绍在培养第二代继承人的问题上却出现了失误，优柔寡断，举棋不定，没有明确指定由谁来继承他的事业，对每个儿子都差不多，分给每个儿子的权力也差不多，第二代之间没有谁很强谁很弱的问题，每个人都可能成为继承人，由于对继承权的争夺，在他的割据势力范围内，又形成了若干新的割据势力。

曹操曾跟随皇甫嵩镇压黄巾军，后来又募兵参加讨伐董卓的关东军。初平三年（192年），青州黄巾军杀兖州刺史刘岱，由兖州地方官出面迎曹操为兖州牧。同年，曹操在济北（今山东省济南市长清区）打败了青州黄巾军，俘虏了三十万人编为青州兵，势力借此壮大起来。建安元年（196年），曹操又带兵进入汝南和颍川，镇压了在那里活动的黄巾军余部，他的势力开始扩展到豫州。

曹操刚到兖州时，采用了毛玠的建议：奉天子以令不臣，发展农业以充军饷。196年，汉献帝由长安逃回洛阳，曹操立即迎献帝到许昌，以许昌作为都城。曹操采取“挟天子以令诸侯”的策略，这正是他的精明之处，是他的政治活动的一大特色。在曹操那个时代，两汉皇朝已统治了四百年，在人们心中有着不容忽视的影响。曹操“挟天子而令诸侯”，打着汉皇室的旗号，无疑提高了他的政治地位，使他能够高居群雄之

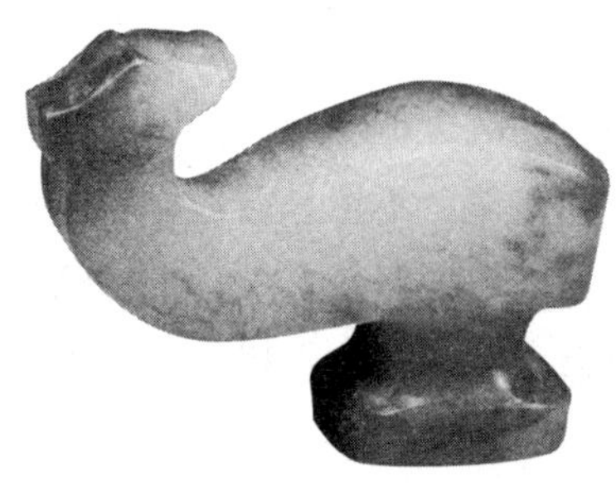

上，名正言顺地进行统一战争。

志大才疏的袁绍，在这个问题上就不如曹操，当曹操还没有控制汉献帝时，袁绍的谋臣沮授曾向他建议说：“宜迎大驾安宫邺都，挟天子而令诸侯，畜士马以讨不庭。”可是，袁绍却害怕在他身旁安置一个皇帝会削弱他的权力，使他不能再为所欲为，因此拒绝了沮授的建议。但不久当袁绍认识到未控制汉献帝为失策时，大错已经铸成。

同年，曹操又开始在许昌募民屯田，初步解决了粮食问题，打下了经济基础。要支持长期的战争，光有粮食当然还不够，还得有武器装备和充裕的经费。为解决装备和经费问题，曹操实施了对盐铁业进行控制的政策。曹操曾设置司金中郎将、司金都尉、监冶谒者等官员，来主管铁的生产。曹操对盐的控制始于建安四年，当时卫觊坐镇关中，他向中央上书要求发展盐业生产，曹操接受了这个建议，开始设置盐官，控制了盐的生产。曹操置使者监卖的盐，主要产自河东盐池。此盐池在今山西省运城市境内，总面积 132 平方公里，历代政府多在此设置机构以管理生产，收取巨额盐税。曹魏在此所收的盐税，肯定不全用于发展经济，而是和以前一样，主要用于军费。由于曹操采取了正确的方针和策略，所以他的势力逐渐强大。他还先后派钟繇、卫觊打着汉献帝的旗号到关中笼络那里的割据势力，暂时稳定了关中的形势。这样曹操就在中原站稳了脚跟，成了唯一能和袁绍抗衡的力量。

当曹操发展成为仅次于袁绍的第二大实力集团后，袁曹之间的决战成为必然。建安五年（200 年），当袁绍消灭幽州的公孙瓒以后，就调集大军气势汹汹地向官渡推进，企图直捣许都，一举灭掉曹操，于是袁、曹之间的官渡之战爆发了。这次战争是当时北方由分裂割据走向统一的转折点，在我国历史上占有重要的地位。

（二）双方的战略部署

袁绍企图借消灭公孙瓒的余威乘机消灭曹操，统一中原，建霸王之业。于

是他挑选精兵十万，马匹万匹，准备进攻许都，消灭曹操。袁绍在出兵之前，召开了一次军事会议。在这次会议上监军沮授不同意立即对曹操作战，他指出，大军征战多年，百姓疲弊，仓库里没钱没粮，目前应该让百姓休养生息，以增加经济实力。而且，汉朝的皇帝还在许都，哪有臣子攻打君主的道理。而且，平定叛乱除暴安良是为义兵，恃强凌弱是骄兵，义兵无敌，骄者必败。沮授认为要进行这场战争并取得胜利，必须要寻找一个很好的借口，师出有名。还要加强战备，增添船只，修缮器械，做好充分的物质准备。打仗的时候先屯兵黎阳，稳定河南，分遣精锐骑兵抄略曹操统治的边境地区，令他顾此失彼不得安宁，袁军好以逸待劳，坐取胜利。这是沮授根据当时的形势，对双方客观情况进行客观分析后得出的结论。

但是袁绍的另一部分将领为了迎合袁绍的意志，极力夸大袁绍的军事力量。他们狂妄地认为如果不进行这场战争，那就是“天与不取，反受其咎”。这个意见正符合袁绍企图一举消灭曹操的愿望，于是袁绍采纳了审配、郭图的错误策略，决定率大军攻曹，从而爆发了历史上著名的官渡之战。

曹操方面，当袁绍召开进攻曹操的军事会议的消息传到许都之后，曹操的许多军事将领都非常害怕，认为袁绍势力强大，不可抵挡。但曹操与袁绍交往多年，对他很了解，他说袁绍这个人志大才疏，外表强大胆子却小，对下属又没有多少威严，兵虽然多却没有明确的分工，手下的将领意见又不统一，但是他的土地足够宽广，粮食也很丰厚，如能为我所用，正好可以用来给我们养兵。

曹操的谋士荀彧也指出袁绍的兵虽多可是管理却不严，将领谋士之间矛盾重重，水火不相容，一定会发生内讧。剩下的颜良、文丑，又是有勇无谋之人，没有太大的威胁。曹操、荀彧从袁绍的优势中看到了他的劣势，从自己的劣势中看到了优势，于是曹操决定集中兵力对抗袁绍的进攻。

（三）东击刘备

当曹操在建安四年（199 年）八月得知袁绍将要进攻的消息后，立即率兵进驻冀州的黎阳，令于禁率步骑两千屯守黄河南岸的重要渡口延津，协助东郡太守

刘延扼守白马。另派臧霸将兵自琅邪进入青州，占领北海、东安等地，以牵制袁绍，巩固右翼阵地，防止袁绍从东面袭击许昌。

同年九月，曹操自黎阳退守官渡，以主力在官渡一线筑垒固守，阻挡袁绍从正面进攻。十二月，曹操派刘备去徐州堵截袁术北上，刘备到达徐州后就杀掉了曹操的徐州刺史车胄，占领了徐州，与曹操决裂。曹操不得不在建安五年(200 年)正月，率兵亲征刘备。

当时有的将领劝曹操不必亲率大军去攻打刘备，曹操回答说刘备是一个很有才能的人，现在不把他消灭，将来一定会成为心腹大患，实际上曹操还是害怕将来与袁绍决战时腹背受敌。同时，郭嘉也指出袁绍生性迟钝而且多疑，来得一定很慢；而刘备刚刚兴起，很多人未必真心依附于他，如果现在攻击他，他一定会败的。

曹操正是利用袁绍“性迟而多疑，来必不速”的弱点，以迅雷不及掩耳之势击败了刘备，解除了后顾之忧。在曹操进击刘备的时候，田丰向袁绍献计说：“能与你争夺天下的人就是曹操。现在曹操东击刘备，趁这个时机去袭击他的后方一定会成功。随机应变，要抓住时机啊。”而袁绍却以小儿子生病为由拒绝了田丰的正确建议，急得田丰举杖击地说：“天啊！这样生死存亡的关头，却因小孩子有病而失掉了这么好的机会，真是太可惜了，现在，大势已去啊。”

袁绍就是这样，虽然有成功的机会却因为自己能力不足、犹疑不定而一次次地错失机会。

直到曹操击败刘备，回军官渡之后，袁绍这才想起应该进袭许都。田丰认为前机已失，不宜再进袭许都，现在应该打持久战，并且建议袁绍：开辟南面战场的同时发展农业，以增加经济和军事实力。在此基础上，再挑选精锐，乘虚出击，侵扰河南，救右则击其左，救左则击其右，就是实行所谓的游击战术，使曹操疲于奔命不得安宁，人民不能安居乐业，生产也得不到发展，用不了三年时间，就可以坐取胜利。这个建议和沮授的意见是一致的。他们两人都反对袁绍与曹操决战，都主张“以久持之”。并且田丰警告袁绍说：“您要是不按我们说的做，到时候后悔就来不及了。”袁绍不听田丰的告诫，田丰则犯颜进谏，

被袁绍投入监狱。袁绍的手下不是没有能人，只可惜这些人都生不逢时，没有遇到明主。

（四）白马、延津之战

建安五年（200 年）正月，袁绍发布声讨曹操的檄文，开展政治攻势。二月，袁绍派颜良过黄河去围攻东郡太守刘延，夺取黄河南岸的战略要地，以保证主力渡过黄河，自己则引军进驻黄河北岸的黎阳。

此时，曹操已击败刘备夺取了徐州，回军官渡。到了四月间，曹操用荀攸声东击西的计策，率军自官渡北上，伪装进军延津，摆出要袭击袁绍后方的姿态，袁绍果然上当，分兵支援延津。于是曹操率轻骑，派张辽、关羽为前锋，兼程赶往白马。曹军距白马十余里时，颜良这才发现，急忙分兵迎战，关羽乘其不备，斩了颜良，解了白马之围。

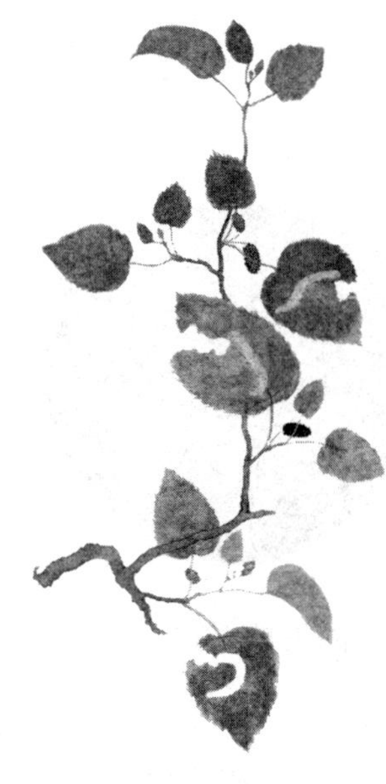

曹操解了白马之围后，救出刘延和城中军民沿黄河西撤，袁绍即率军渡河追击曹军。沮授劝袁绍："颜良被斩，曹军撤退，胜负变化不可不详加了解，现在应该以延津为据点，分兵官渡，如果打胜了，再进军不晚，如果一旦受到挫折，大军还可以撤回来。"袁绍不听。沮授看到袁绍如此固执，于是借口有病，请求辞职。袁绍从此开始记恨沮授，剥夺了沮授手中仅有的一部分军队，归郭图管辖。

袁绍率大军过河，派大将文丑和刘备率兵追击曹军，由于袁军纪律败坏，临阵抢夺曹军故意丢弃的物资，曹操在延津南乘机又斩了文丑，袁军溃败，曹操胜利回到官渡。双方初战，袁绍就损失了两员大将，但从总兵力上来说，袁绍仍占绝对优势。

（五）官渡相持

八月，袁绍率军自阳武进至官渡前线，依沙堆立营，东西宽约数十里，与曹军对峙。袁绍认为这场战争有绝对胜利的把握，他自大地命令军中兵丁每人手里拿三尺长的绳子，等到把曹操抓住的时候好用来绑他。由此可见，袁绍骄

傲轻敌到何种程度。

两军相持到九月间，曹操除与袁绍进行了一次小的交战外，始终坚守官渡阵地，等待战机。袁绍构筑高楼(亦称望楼)，堆起土山，让士兵们在楼上射击曹军。号令一下，袁军万箭齐发，箭密得像雨点一般，曹营士兵只能用盾牌遮住身体活动。针对袁军这种战法，曹操命工匠连夜赶造了一种炮车，发射石块，把袁军的壁楼击破。炮车发射石块的时候，声响如雷，因此，当时人们都管这种车叫“霹雳车”。袁绍此计没有成功，又暗凿地道，直通曹营。曹操命人在营墙内挖掘长沟，进行防御，双方相持约三个月。在相持过程中，曹操处境很困难，由于曹操兵少粮尽，士卒疲乏，负担不起军费开支，又有很多人归降袁绍。

在曹军后方，袁绍派刘备到汝南配合汝南黄巾，攻掠汝南、颍川之间，招降豫州各郡，在这种情况下曹军内部军心不稳。曹操有些支持不住，他写信与荀彧商量，打算从官渡撤退，返回许都。荀彧对当时的情况进行分析后，认为谁先撤退，谁就会陷入被动。他看出袁军攻势已经减弱，力量几乎用尽，相持局面很快就会发生有利于曹军的变化，于是他回信说：“袁绍现在屯兵官渡，想要与我们决一死战。我们一定要以弱胜强，如果不胜而走，一定会失去很多机会，将不再有争夺天下的资格了!”曹操接受了荀彧的意见，一面坚守官渡阵地，一面积极寻求和捕捉战机。

（六）夜袭乌巢

一天，曹军的探子侦察到有几千辆袁军粮车，正在前往官渡的途中，押运官韩猛是个有勇无谋的人，打起仗来总是轻敌，曹操立刻派徐晃、史涣前往劫粮，在半路上打跑了韩猛，烧掉了他押送的全部粮车和军用物资。十月，袁绍又派人从河北运来一万多车军粮，囤积在大营以北四十里的乌巢(在今河南延津境内)，还派大将淳于琼带领一万人驻在那里保护。

由于上次粮车被烧，一度造成袁军给养困难，这次沮授特别提醒袁绍，要他另派蒋奇率领一部分军队驻防在淳于琼的外侧，以防曹军偷袭。袁绍又没有

采纳。谋士许攸认为曹军主力集中在官渡，后方必定空虚，他建议袁绍派遣骑兵奇袭曹军后方，星夜袭占许昌。袁绍骄傲地说："不必，我一定可以在这里擒住曹操!"

许攸感到袁绍这样骄傲轻敌，最后必然要败给曹操，不免对袁绍失去信心。正在这时，许攸的家族有人犯了法，被留守邺城的审配拘留起来。许攸一气之下，背弃袁绍，去投奔曹操。曹操听说许攸来投靠，高兴得连鞋子都没有来得及穿，就跑出去迎接。曹操拍着手说："子远（许攸的字）远道而来，我的大事一定可以成功了。"

许攸坐下来，开口就问曹操："袁绍军势很盛，您打算怎样对付他？目前还有多少军粮?"曹操说："可以支持一年。"许攸知道这是假话，就说："没有这么多吧!"曹操又说:可以支持半年。"许攸直截了当地说："您不想打败袁绍吗？为什么不说实话呢?"曹操知道瞒不过许攸，才说："其实军粮只够维持一个月了，你看该怎么办呢?"许攸见曹操说了实话，这才把袁绍在乌巢堆积军粮的情况告诉了他，并说："袁军粮囤没有特别防守，如果您率领轻骑前往偷袭，把袁绍的粮草全部烧掉，不出三天，袁军将会不战自溃。"许攸的计策，使曹操喜出望外。

当天夜里，万籁俱寂，曹操留下曹洪、荀攸防守官渡大营，亲自率领精锐步、骑兵五千人，打着袁军旗号，每人手持一束干柴，口里衔着横枚，把所有的马嘴都绑扎起来，从小路奔向乌巢。枚是一根像筷子似的小木棍，古代夜间行军或偷袭敌营，往往让军士每人口中衔枚一个，以免说话或出声，被敌人发觉。

在行军途中，曹军忽然遇到一队袁军，盘问他们是何处兵马。曹操让士兵回答说："袁将军恐怕曹操偷袭乌巢粮囤，特地派我们前去增援。"就这样，曹军顺利地通过了袁军的防线。天还没亮，他们就摸进了乌巢，把袁军的粮囤团团围住，放起火来。在黑夜里，只见粮囤周围浓烟四起，火光冲天。袁军从梦中惊醒，慌作一团，不知如何是好。

袁军守将淳于琼仓促应战，经过曹军一阵猛攻，只得退守营门。袁绍听说曹操进攻乌巢粮囤，仍旧没有引起足够的重视，反而盲目地认为这是攻下官渡、歼灭曹军主力的好机会。他对长子袁谭说："即使曹操攻破淳于琼，只要我们攻下曹操的大营，他就没有退路了！"

于是袁绍命令大将张郃、高览率兵去攻打曹操的官渡大营。张郃认为曹操亲领精兵围攻乌巢，淳于琼恐怕支持不住。如果乌巢有失，则大势去矣。因此，他一再请求袁绍先派兵去救淳于琼。可是，袁绍在谋士郭图的迎合下，仍然坚持以主力进攻曹操官渡大营，只派少数骑兵去救乌巢。

由于曹军官渡阵地坚固，战士死守，袁军攻打不下，主力部队反而被拖住，这就给曹操攻下乌巢创造了有利条件。当袁绍的增援骑兵临近乌巢的时候，曹操的部下报告说："敌人援军就要到了，我们快分一部分部队去抵挡吧!"当时，正是能否攻下乌巢，决定胜负大局的紧要关头。因此，曹操严厉地斥责部下说："等敌人到了我们背后，再来报告。"

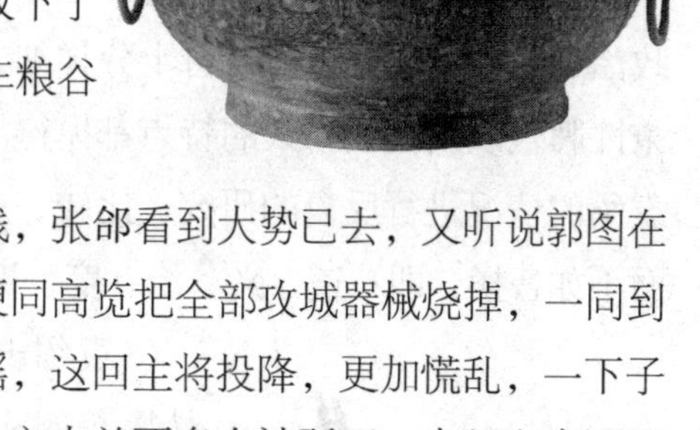

在曹操坚决果断的指挥下，将士们拼死战斗，不仅击溃了袁军的增援部队，而且攻下了乌巢粮囤，杀死了淳于琼。袁军的一万车粮谷被烧得一干二净!

淳于琼战败被杀的消息传到官渡前线，张郃看到大势已去，又听说郭图在袁绍面前说他坏话，他既气愤又害怕，便同高览把全部攻城器械烧掉，一同到曹营投降。袁军粮囤被烧，军心已经动摇，这回主将投降，更加慌乱，一下子全都溃散了。曹军乘势出击，袁军大败，主力差不多全被歼灭，袁绍和袁谭只率领八百名亲兵逃回黄河以北。

袁绍因为这次惨败，元气大伤，终于积郁成疾，在202年五月病发死去。他的几个儿子争权夺位，互相攻杀，结果被曹操各个击破。206年，曹操彻底消灭了袁氏的残余力量，结束了袁氏父子的统治，一统中国北方地区。

四、情报工作

曹操在官渡之战中之所以能准确把握战机、出奇制胜，最终以少胜多、以弱胜强，一个很重要的方面就是他的情报侦察工作做得好，并贯穿于整个战争的全过程。

对于官渡之战，一般都认为是曹操善于利用袁绍恃强骄横、不善用人、疏于筹策的弱点，后发制人，攻守相济，把握战机，出奇制胜，以少胜多。这都不错，但是之所以曹操能够准确把握战机，每每出奇制胜，最终以少胜多，关键还在于曹操的侦察情报工作做得好。真正做到了《孙子兵法·用间篇》所说的"三军之所恃而动也"，即整个军队都要依靠侦察人员提供情报而采取行动。

曹操不仅在战前和战斗进行过程中广泛开展谍报侦察，还注意把谍报侦察与战场部队侦察有机结合，相互印证，灵活运用，取得了战争的胜利。他在官渡之战中的侦察情报工作主要有以下特点：

曹操在战前就对袁军展开了全面而深入的侦察判断。他不仅对袁军的军事、政治、民心、士气等侦察得十分详细，甚至对其用人制度、主要的文臣武将的秉性脾气以及袁绍本人的特点都摸得清清楚楚。曹操还与谋士荀彧、郭嘉等对袁绍的情况进行反复的研究、比较、度算、判断、分析，归纳出袁绍有十个方面不如曹操，即：道、义、治、度、谋、德、仁、明、文、武。

袁绍出生在四世三公的家庭里，他为人讲究虚伪繁琐的礼节、拘泥于陈腐的经典。而曹操料事决策，高瞻远瞩，善于把握事物发展的规律，不墨守成规。因此，袁绍在最根本的"道"上就败了。

"绍以逆动"，袁绍和项羽一样倒行逆施，一贯采取纵容豪强兼并的政策，使其统治区的人民生活非常痛苦，因而人心背离，此"义"败也。

多年来汉朝政治局面的腐朽，在袁绍治理的地方也没有一丝一毫的改变，反而变本加厉，此治败也。而曹操则主张法治。

袁绍任人唯亲，手下的文武大臣，都是他的亲戚、子弟，真正有才能的人一个也不信任。而曹操能广招天下贤能之士。

袁绍优柔寡断，现在虽然强大，却终不能成大业。曹操却正好与他相反，这就是“谋”败。

袁绍在用人的问题上是“能聚人而不能用”，周围聚集了一群拍马逢迎之人，他只能听信谗言。而曹操在网罗人才及用人上注重实际，唯才是举，因此在德的方面，曹操又明显高出袁绍一筹。

袁绍是一个假仁假义的伪君子。他维护豪强地主的利益，不择手段地掠夺百姓，外掳田野，放兵捕人，如猎鸟兽一样，使得成千上万的人倒毙在山间、路旁，全然不顾，此仁败也。

在袁绍集团内部，分帮结派，勾心斗角，矛盾重重，不能一致对外，此明败也。

袁绍是非不分，指黑为白，此文败也。

袁绍只会死背经书，而不会用于作战实践。曹操不仅精通兵法，善于用兵，而且能以少胜多，用兵如神，并且能做到法令严明，赏罚必行。双方一比较，袁绍在“武”的方面更是必败无疑。

在曹操、袁绍两军官渡对峙、彼此相持近半年的这一阶段里，曹操一刻也未放松情报的搜集工作，经常派出细作探知虚实，报至官渡。

曹操不仅能够根据情报正确预测敌我形势变化和发展的趋势，而且善于利用及时准确的情报，把握时机，用谋造势，逐渐扭转战略态势。如决战前的白马、延津两次局部战斗都是知己知彼、料敌在先的精彩战例。特别是延津伏击战更是巧妙绝伦。本来曹操解了白马之围后，要迅速撤回官渡，但当行到延津以南白马山地带，曹操的侦察骑兵汇报了袁军追赶的准确情报，于是曹操利用有利地形巧设伏兵，几乎全歼袁军人马。

白马、延津两次交锋，使袁军连失颜良、文丑两员大将和上万兵马，士气大挫。而曹军通过这两次胜仗，极大地鼓舞了全军的斗志，增强了战胜袁绍的信心，使曹军在相当程度上改变了战略上处于劣势的被动地位，为官渡决战创造了有利局面。

在战斗进行中，曹操使用各种侦察手段及时获取机密情报，出奇制胜。这正是曹操高明过人之处。唐宋八大家之一的苏东坡就盛赞曹操在官渡之战中的用兵奇谋，说“自古用兵者，莫如曹操，其破灭袁氏，最有巧思”。曹操“巧思”的一个非常重要的方面当然就是善于在战斗中获取和利用侦察情报。

曹操在截击袁绍运粮车队和夜袭乌巢袁军粮囤的两次关键战斗中，都是获取侦察情报后采取的重大军事行动。一是实施捕俘侦察，截敌粮运。曹操的大将徐晃令部将史涣执行战斗任务，史涣的部队通过捕俘侦察，抓获了袁军运粮车队的一名在前面探路的运粮“仓储史”。经徐晃亲自审讯得知：袁绍军运粮车数千辆正在运往官渡途中，而押运官韩猛锐而轻敌。于是曹操令徐晃、史涣引轻骑数千前往截击该运粮车队，将袁绍的数千辆粮车尽数烧毁，并击败了袁绍的救援部队，极大地震撼和动摇了袁军的军心，从而扭转了曹军的不利局面。

二是善于利用敌叛臣为间谍，奇袭乌巢。许攸是袁绍的谋臣，屡次向袁绍献灭曹之策，袁绍却根本不理会。曹操也深知许攸不受袁绍重用。此时，正巧许攸家人犯法，被同僚审配扣押，许攸献计时又遭袁绍当众辱骂。许攸悲愤已极，仰天长叹：“忠言逆耳，竖子不足与谋!我的子侄已被审配害了，我还有什么脸面见冀州父老啊!”说完拔剑就要自刎。

曹操的细作乘机策反，先夺下许攸的剑，劝道：“你为什么要轻生呢？袁绍听不进忠言，以后一定会被曹公打败的，你以前就认识曹公，何不弃暗投明?”于是许攸带着自己掌握的核心机密情报投奔曹操。

于是，曹操在许攸情报的指引下，留曹洪、荀攸守官渡大营，亲自率步骑冒充袁军，从小路夜袭乌巢袁军粮囤，大获全胜。袁军军心大乱，将士纷纷投降，曹操最终彻底战胜了数倍于己的袁绍军。后人有诗叹曰：“势弱只因多算胜，兵强却为寡谋亡。”而曹操在官渡之战中的“算”和“谋”，都是以侦察情报为基本依据的。

五、法儒决战，以弱胜强

官渡之战中，袁绍投入了十万大军，曹操却只有两万多人马，然而曹操战胜了袁绍，赢得了统一北方战争中决定性的胜利，创造了以少胜多、以弱胜强的著名战例。官渡之战是三国时期儒法两家的一次政治大决战，这次战争使代表进步势力的曹魏集团彻底战胜了袁绍集团，成为当时中国最强的政治力量。

曹操之所以能取得这次战争的胜利，是由于他执行了一条正确的军事路线；袁绍之所以失败，是因为他执行了一条错误的军事路线。

那么，在东汉末期，官渡战役之前袁曹双方的军事、政治、经济、自然诸条件又是怎样的呢？

从军队数量上看，袁绍有十多万人，占据着现今河北、山西的大部分和河南、辽宁的一部分。在政治上，代表着士族官僚地主集团的利益。袁绍本人自幼就尊崇孔孟之道，信奉儒家学说，因此不懂军事。曹操则与袁绍相反，他在东汉末期政治腐败、军阀割据的形势下，主张“法治”，主张改革，主张统一。他自幼就不讲究儒家的繁礼虚仪，而博览群书，爱好兵法，对军事很有研究，曾对孙子兵法做过注释，流传至今。

曹操与袁绍在对待军事科学上，表现了儒法两家截然不同的态度，因此一个是“用兵如神”，另一个则是“能聚人而不能用”。

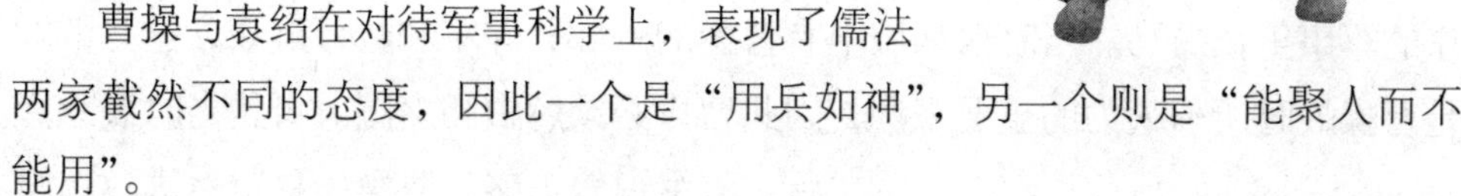

然而由于曹操在政治上代表着中小地主的利益，因此不被当时有权有势的豪门地主集团所看重。曹操所占领的中原地区在连年军阀混战中社会生产力受到很大破坏，经济实力也远不如袁绍。当时曹操仅有两三万军队，与袁绍相比实力相差悬殊。

袁绍和曹操在军队管理上也完全奉行两条根本对立的路线。袁绍兵多却法令不严，内部混乱；而曹操却与之相反，士兵虽少，却很精干。因此袁绍军的

战斗力不如曹军。这两支军队战斗力上的不同，反映了“以礼治军”和“以法治军”两条治军路线的区别。

曹操曾乘袁绍与公孙瓒作战无暇顾及南方战事的时机，打败了当时黄河以南对他威胁较大的吕布，避免了以后与袁绍作战时腹背受敌的不利形势，为官渡之战彻底战胜袁绍奠定了基础。这说明曹操很懂得选择战机和创造有利的作战条件。

我国古代军事家都很注重正确选择战机的问题。《孙子兵法》说：“知可以战与不可以战者胜；识众寡之用者胜。”曹操的这个做法，正是在对敌军各部力量强弱以及战斗态势的分析上正确选择了战机，然而袁绍却不是这样。建安五年（200 年）一月，曹操在河南境内向刘备发起攻击，袁绍的谋士田丰建议趁此时机攻击曹操，可是袁绍仅仅因为小儿患病而放弃了袭击曹操的战机。

难道袁绍这样做是偶然的、纯属个人的问题吗？显然不是，这正是东汉时期孔孟之道统治人们思想的结果。东汉时期，孔孟之道与腐朽荒诞的“谶纬”迷信结合到一起，成为窒息人们思想的宗教信条。他们把一些与社会现象毫无关系的自然现象解释为指导社会活动的“天意”，从而决定人们行为的取舍。

200 年，袁绍从他的大本营邺城率十万大军南下，准备与曹操进行决战，拉开了官渡之战的序幕。当时摆在曹操面前的第一个大问题，就是敢不敢以两万人马去迎击袁绍的十万大军。

曹操在战略上敢于藐视敌人，敢于战斗，夺取胜利。他断然率众从根据地许昌北上，占据了官渡易守难攻的有利地势，构筑工事，做好还击袁军的准备。

袁绍十万大军进驻到黄河北岸的黎阳，又派大将颜良率万余人包围黄河南岸的军事重镇白马。当时白马城中有曹操的一部分守军和数万群众，这些群众是曹操战时所需人力的重要来源，因此曹操必须解白马之围。可是当时袁绍大军在后，前军锐气正盛，曹操如果贸然进攻白马城外的袁军，以弱击强，无异于以卵击石。要想打败人数众多的袁军，就必须把袁军兵力分散，然后各个击破。

正如谋士荀攸当时对曹操所说的“今兵少不敌，分其势乃可”，曹操采纳了这个正确建议，出兵到黄河南岸离白马不远的另一个重镇延津，

虚张声势，做出要北渡黄河的样子。袁绍慌了手脚，连忙分兵来守。曹操等待的正是袁绍这个“分兵”，趁袁军分散之际，挥军东去，轻骑袭击白马。大将颜良没想到曹军会突然东来袭击白马，措手不及，仓促应战，被曹军杀掉，围攻白马的袁军大败。

白马、延津两仗挫败了袁军的锐气，在一定程度上改变了双方力量及态势的对比。曹操之所以能赢得白马、延津两场战斗的胜利，原因是多方面的。其中很重要的原因是他能够客观地了解双方力量的对比状况，执行“后发制人”的原则，用“分其势”的方法制造对方全局优势情况下的局部劣势，然后以自己的局部优势和主动，向敌人局部的劣势和被动发动攻击，一战而胜，再及其余，各个击破，全局因而转成了优势，转成了主动。

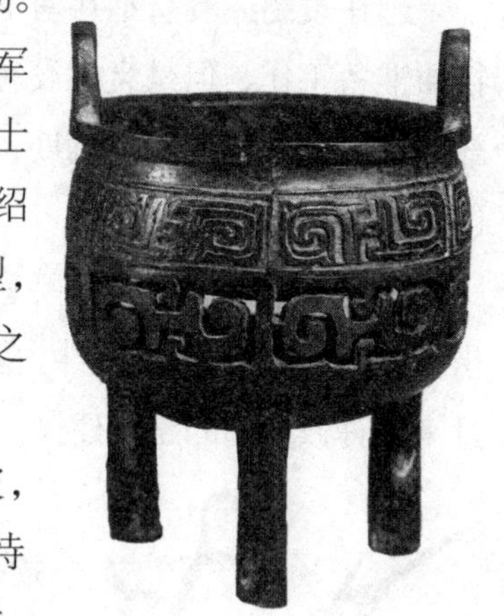

在这两场战斗中，曹操深知自己军队虽少但军法严明，军士听命，敢在文丑大军追击下命令军士们解鞍放马而保持队伍不乱，曹操同时又深知袁绍兵虽多但军法不严，必然会因抢物资而乱了阵型，充分发挥“法治”之军的优点，去攻击“礼治”之军的弱点。

然而袁绍却不是这样，他既不知己又不知彼，根本不懂力量对比可以转化这个辩证的道理，自恃拥有十万大军，盲目冒进。早在袁军南下黄河时，谋士沮授就向袁绍指出，袁军虽然人多但战斗力不如曹军，而曹军的粮食财物却不如袁军丰厚，因此主张与曹军长期对峙，避免直接交战。这样就使曹军战斗力强的优点不能很好地发挥出来，而使曹军军粮物品缺乏的矛盾随着时间推移越来越尖锐，从而达到削弱曹军战斗力的目的。

这个建议无疑是正确的，是通过客观地分析双方各种战争因素及其转化得来，却遭到袁绍的拒绝。袁绍命令大军渡过黄河屯集在离官渡不远的阳武，命令大将张郃率领前军在官渡前线向曹军猛攻。因为曹军在官渡早已构筑好工事，士卒又勇猛抵抗，所以袁军进攻数月没有一点进展。这时谋士许攸和大将张郃又向袁绍建议从阳武出精兵偷袭曹操的后方许昌，造成南北夹击的形势，切断曹操供给的通道。然而这个建议又被袁绍拒绝了，他只是一味强调正面攻城。

《孙子兵法》说：“上兵伐谋，其次伐交，其次伐兵，其下攻城，攻城之

法，为不得已。”曹操在注释这段话时说：“攻之为下。”可是袁绍在完全可以机动迂回的情况下固执地采取“不得已”的攻城之法，可见其军事思想的形而上了。《孙子兵法》说：“兵者，诡道也。”曹操在注释这话时说：“兵无常形，以诡诈为道。”这就是提倡主动性、灵活性。

乌巢是袁军最大的囤粮基地，屯放了十多万石军粮，可以说是袁军的生命线，然而袁绍并没有认识到它的重要性。沮授和张郃早就向他建议派重兵守卫，防止曹军偷袭，可是袁绍始终不以为然。孙子说：“军无辎重则亡，无粮食则亡，无委积则亡。”历来法家把“耕战”相提并论，提倡“足食足兵”。而儒家则相反，他们宣扬“去食去兵”，不理会战备物资的重要性。

远在袁绍还没有举兵南下的时候，谋士沮授、田丰就向他建议做好战争的物质准备工作，但是袁绍没有接受。相反，曹操却非常重视这个问题。曹操在部署与袁绍作战的非常时期，还派人到关中招收流民屯田，既稳定了后方又保证了长期战争的军粮需要。

在官渡前线，曹操还特意命令部下制造各种军械，发明了能抛巨石的“霹雳车”，用以增强部队战斗力。正是这种军事思想，使曹操立即采纳了刚刚投降过来的许攸提出的正确建议，偷袭乌巢，把袁军囤积的数万石军粮全部烧光。

乌巢烧粮的消息传到官渡前线，袁军军心大乱，张郃也率众投降了曹军，袁军战线立刻崩溃。这时，曹袁双方力量发生了根本变化。曹操经过几次战斗，尤其是最后这次乌巢烧粮和张郃投降，由弱变强，由劣势变为优势；而袁绍则由强变弱，由优势变为劣势。

后来曹操又经过几次战斗，彻底消灭了袁绍在北方的残余势力，统一了北方，为后来西晋统一中国奠定了基础。

淝水之战

淝水之战，发生于383年，因发生于安徽淝水附近而得名。它是北方的前秦政权与南方的东晋王朝之间进行的一次战略性大决战，是中国历史上一次以弱胜强的著名战例，对后是兵家的战争观念和决战思想产生了深远的影响。

一、动乱不安的天下大势

天下大势，分久必合，合久必分。265 年，司马炎称帝建立了晋朝，也就是史上的西晋，三国归晋，终于结束了魏、蜀、吴三国纷争割据、各自为政的局面，实现了国家统一，促进了民族的融合。然而，西晋王朝带来的全国统一，只是一个短暂的安定局面，并没有带来长久的和平与安宁。而后的西晋，经历了武帝、惠帝、怀帝骄奢淫逸、荒淫无度的统治，又遭遇“八王之乱”和“永嘉之乱”的动乱，可谓饱经风霜。在这样的统治下，人民的生活并没有比三国割据的时候要好，百姓怨声载道，有一些部落开始蠢蠢欲动，意欲趁势而起。316 年，北方匈奴攻破长安，俘虏了晋愍帝，西晋就这样灭亡了。

西晋末年的腐败统治使得战争频繁、时局混乱，各路军阀之间相互征战不止。每个首领都胸怀抱负，一心想要统一华夏，历史舞台上，纷争不止，你方唱罢我登场。社会的大动乱，使中国历史进入了分裂割据的时期。

在南方，晋琅玡王司马睿于 317 年在建康（今江苏南京）称帝，建立了东晋，占据着汉水、淮河以南的大部分地区，凭借得天独厚的地理条件，人口开始急速增长，力量迅速发展壮大，成为南方最强大的军事集团。

在北方，各少数民族政权纷争迭起。东晋在江南建国的同时，中国的北方则陷入分裂混战，黄河流域成为匈奴、羯、鲜卑、氐、羌等五个主要少数民族和汉族争杀的战场，并分别建立了自己的国家，相互争霸，不断有国家建立和灭亡。

从 304 年匈奴贵族刘渊建立汉国、316 年灭掉西晋，到 439 年鲜卑拓跋部统一北方，这一百三十多年里，北方各民族先后建立了前赵(匈奴)、后赵(羯)、前燕(鲜卑)、前凉(汉)、前秦(氐)、后秦(羌)、后燕(鲜卑)、西秦(鲜卑)、后凉(氐)、南凉(鲜卑)、西凉(汉)、北凉(卢水胡)、南燕(鲜卑)、北燕(汉)、夏(匈奴)等十五个政权，连同西南巴氐族建立的成汉，共十六国，和东晋汉族政权长期对

峙，史称“五胡十六国”。除十六国之外，还有汉人冉闵建立的魏、丁灵翟氏建立的魏、武都氐帅杨氏建立的仇池国、鲜卑慕容氏建立的西燕、鲜卑拓跋氏建立的代五个政权，先后总计建立了二十一个政权。上述政权中，后赵、前燕、前秦都曾占据过北方的大部分疆域。

许多北方来的少数民族，在彼此征战中开始相互融合，学习其他民族的特长和文化，在学习的过程中也借鉴汉人的制度和文化，再凭借军事武力，建立了一个又一个的王朝政权。在这些政权中间，苻氏氐族贵族建立的前秦，由于皇帝苻坚励精图治，成为北方诸多政权中比较强大的一个部族。

这样，在南方，有东晋王朝，在北方，有前秦王朝。东晋和前秦分别成为南北方两支最强大的力量，既相互龃龉，也相互抗衡，暂时也取得一定程度的平衡。虽然两国之间有时小有摩擦，但总体上因为实力相当，也算相安无事。

由氐族人建立的前秦国先后灭掉前燕、代、前凉等割据政权后，统一了黄河流域。以后又于 373 年攻占了东晋的梁（今陕西汉中）、益（今四川成都）二州，将势力扩展到长江和汉水上游。前秦皇帝苻坚因此踌躇满志，欲图以“疾风之扫秋叶”之势一举荡平偏安江南的东晋，统一南北。

二、前秦南下伐晋的原因

（一）精心治国，国力大增

前秦第一个皇帝苻洪，是氐族人，祖居今甘肃秦安东南一带。他很有野心和能力，却没有福气，在霸权霸业即将建立之前被他的手下毒死了。虎父无犬子，他的儿子苻健继承了父亲的才华和胆识，也颇有心计和智慧，在不利的时局和环境下，能够忍辱负重、韬光养晦，最终于351年建立政权，次年称帝。但可惜的是，苻健继承父亲雄才大略的同时，也延续了父亲苻洪的悲剧命运，在辛苦打拼下基业后，苻健只做了五年的皇帝便病死了。

苻健病死以后，他的儿子苻生即位。苻生是历史上有名的暴君之一。他登基后仅仅两年，便弄得天怒人怨，百姓苦不堪言。357年，他的堂兄弟苻坚联合他人将苻生杀死，自己坐上了皇帝的宝座。

苻坚即位以后，开始笼络民心，一方面诛杀苻生的奸臣董龙、赵韶等二十余人，同时为被苻生残杀的官员恢复名誉，按照礼法厚葬，抚慰死者家属；另一方面，重用王猛等有才能的人，开始实行恢复经济的措施，在政治领域也进行了一系列的改革。

这个苻坚，就是宣昭帝——前秦皇帝中最值得关注的一个人物。

苻坚是前秦丞相苻雄的儿子，自幼就受到祖父苻洪的喜爱，他从小就愿意接受汉族文化，并接受了正规的汉族文化教育，所以，不论治国方略还是为人处事，苻坚都与他的先辈和其他民族的国君不同，有很多成功之处。

正如谈刘备不得不谈诸葛亮一般，说到苻坚的治国，就不得不谈到他的得力助手谋士王猛。王猛是北海郡剧县（今山东省寿光市东南）人，虽然小时候生活贫寒，却在困窘的环境中读得满腹的诗书和韬略，打算在乱世中跟随明主，实现自己的理想和抱负。

254年，东晋将领桓温北伐，进军到灞上（今陕西省西安市东南）。王猛认

为机会来了，就径直前去军营中拜访桓温，面对面畅谈天下大事。桓温很赏识王猛，想要留他在身边。但王猛却通过此次谈话看出桓温胸无大志，没有恢复中原、一统天下的决心和魄力，因此拒绝跟随桓温南下去东晋。

苻坚听说王猛的才学韬略后，便派人邀请相见，谈论国家兴废大事和治国策略，谈笑间，颇觉投机，苻坚便留王猛为自己所用，共同治理国家。此后王猛越来越受到重视，最风光的时候，竟然在一年里升了五次官。后来的事实也证明，苻坚对王猛的重用是明智的选择，有了王猛的协助，苻坚东征西战，基本平定了中国的北方。

秦王苻坚是个能够听取忠告的较开明的君主。有一年春天，苻坚带几位大臣出了长安城，登上龙门四处眺望，看到四周群山险峻，不由得高兴起来，说："美好的河山啊，多么坚不可摧！"他的臣子听出来苻坚有依靠险势、偏安一隅、不思进取的意思，便委婉地劝告说："历代有很多王朝的河山都很坚固，但最终还是亡国了，这是为什么呢？是因为他们不注重巩固实力、增强国力的缘故。希望陛下能够以德为重，继续增强国力，仅仅依靠山河的险峻是不可能久安的。"苻坚听后猛然醒悟，高兴地说："你们说得对，我按照你们说的去做就是了。"

苻坚即位初，为了发展国力，颁布了许多政令，使教育、农业都有了很大发展。

前秦重视农业生产，为了治理关中地区的干旱，苻坚曾组织三万余人兴修水利。农业的发展使得百姓安居乐业。他还禁止奢侈浪费，带头严禁奢靡之风。苻坚还雷厉风行，从龙门回来不久，就下令兴教育、办学校。还亲自到学校考察，依照学业的优劣划定等级，选贤任能。在苻坚的治理下，前秦国力慢慢增强，苻坚也深得民心。

（二）苻坚统一北方

随着国力的强盛，苻坚便有了一统天下、逐鹿中原，当一代霸主的野心。

前秦建元五年（369 年），适逢东晋桓温率兵北上，攻打燕国。燕国国君慕容暐非常害怕，便向前秦请求派兵支援，并答应事成之后割让燕国的一些土地作为报酬。

对于是否出兵帮助燕国，秦内部有两派不同的意见。一派拒绝出兵，认为上次东晋桓温进攻秦国时，燕国没有伸出援手，这次燕国被进攻，秦国正好坐山观虎斗；另一派支持出兵，代表人物是王猛。王猛分析说：“燕国肯定不是东晋的对手，我国如果不出兵帮助燕国，燕国必死无疑。如果东晋消灭前燕，军事实力必定大增，我们就再也不能与之抗衡，这样对秦也是一种很大的威胁，因此应该出兵。”

王猛又私下给苻坚出谋划策，让苻坚答应燕国的请求，派兵联合前燕共退晋军，等到燕国国力困乏、掉以轻心的时候再乘机进攻，一举灭掉燕国。这样就可以一举两得，不但可以利用燕国的力量给东晋一次重大的打击，阻止了东晋力量的壮大，同时抓住时机吞掉燕国，又壮大自己的军事实力，为前秦称霸中原奠定基础。

苻坚十分赞赏王猛的看法，便答应派兵援助前燕。前秦和燕国协力击败了东晋的军队。

东晋被前秦和燕国打败以后，只得班师回朝。桓温撤兵以后，燕国的内部矛盾也进一步激化。为燕国抗晋立下汗马功劳的慕容垂，在燕国本来就很有威望，但一直受到最高统治集团的排挤，抗晋之后更因为军功显赫被嫉恨而差点招来杀身之祸。慕容垂为了避难，无奈之下，便去投奔苻坚。

苻坚早就有灭燕的念头，一来因为时机还不成熟，二来怵于慕容垂的威名，一直不敢动手。现在慕容垂也来投奔自己，自然正中苻坚下怀。苻坚喜出望外，隆重欢迎慕容垂，并委以重任。然而，苻坚没有料到的是，收容慕容垂这一步棋，不仅为自己在淝水之战中的失败埋下了第一个隐患，甚至成为前秦灭亡的推动力。

再说桓温撤退以后，燕国违背约定，原来允诺给秦的“以燕国城池换秦国出兵”的承诺不予兑现。对于早已计划要吞并燕国的前秦来说，燕国出尔反尔的举动正好给秦提供了冠冕堂皇的出兵理由。

苻坚任命王猛为统帅，开始攻打燕国。一来有王猛运筹帷幄，秦军也会骁勇善战；二来，燕国已少了慕容垂一员大将；第三，前燕经过和东晋的这场苦战，刚刚安定下来，将士们再也没力气打仗。有这三个原因，燕国自然不堪一击，前秦迅速打败了燕军。就这样，从 317 年到 370 年，在历史上存在了五十三年的前燕灭亡了。

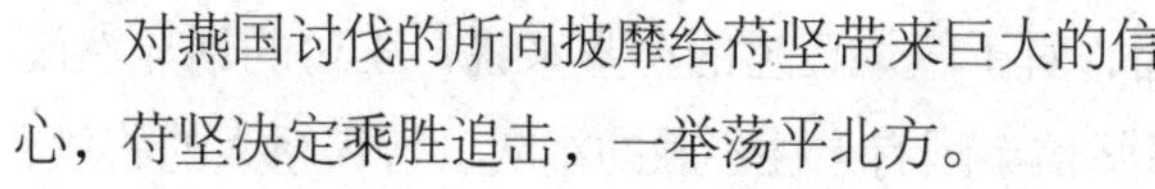

对燕国讨伐的所向披靡给苻坚带来巨大的信心，苻坚决定乘胜追击，一举荡平北方。

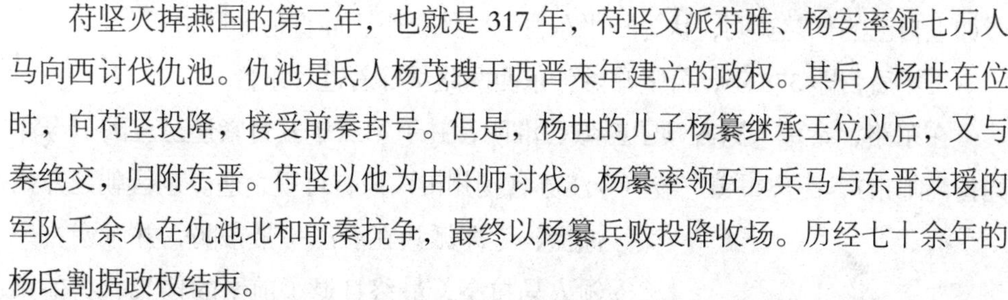

苻坚灭掉燕国的第二年，也就是 317 年，苻坚又派苻雅、杨安率领七万人马向西讨伐仇池。仇池是氐人杨茂搜于西晋末年建立的政权。其后人杨世在位时，向苻坚投降，接受前秦封号。但是，杨世的儿子杨纂继承王位以后，又与秦绝交，归附东晋。苻坚以他为由兴师讨伐。杨纂率领五万兵马与东晋支援的军队千余人在仇池北和前秦抗争，最终以杨纂兵败投降收场。历经七十余年的杨氏割据政权结束。

建元十二年，即公元 376 年，苻坚又开始了消灭前凉的军事行动。汉人张氏建立前凉政权，从张轨于西晋任凉州刺史以来，世代相承，占有河西地区。张玄靓在位时，曾经向前秦称臣，后来在统治集团的相互倾轧中，张天赐杀掉张玄靓自立为帝。但是张天赐沉湎于酒色，内部矛盾十分尖锐。苻坚以张天赐“臣道未纯”为理由，一面派遣使者令张天赐入朝，一面派梁熙等率领十三万兵

马进驻到前凉边境。在前秦大军压境的威逼下，前凉应该采取什么对策，内部意见不统一。最终，张天赐听取主战派的意见，杀死前秦使者，结果却是屡战屡败，最终投降，被送往长安。至此，历经七十余年的河西张氏割据政权结束。

在前秦的北方，有一个鲜卑拓跋部建立的代国，占有现在的山西省北部、内蒙古自治区中部地区。376 年冬，先前已经投降苻坚的匈奴刘卫辰被代国侵犯，向前秦求援，苻坚便派兵支援并一举攻灭代国。

就这样，经过不停的征战，苻坚统一了北方的大部分地区。经过几年的治理，前秦越来越强盛，西域各国也前来朝拜，贡奉礼品。秦王逐渐开始骄傲自大、自以为是，渐渐兴起奢华之风，每次设宴群臣，必定载歌载舞，对于群臣的意见，也不再能虚心听取。

（三）不听劝阻，南下伐晋

375 年 7 月，王猛病危，临去世前，嘱咐苻坚“千万不要与东晋为敌”。王猛解释说：“秦的北方和西方并不稳定，还存在其他民族的威胁；而南方的东晋国家和平，虽然实力不如我国，但是百姓安居乐业，团结一心。与东晋为敌是下下之策，千万不可以这样做。”苻坚听后，却不置可否。王猛逝去，苻坚非常悲痛，对其进行隆重哀悼。然而，对于气焰正盛的苻坚来说，王猛的话显然没有也不可能真正打动苻坚。苻坚坚信秦国有无往不胜的军队、智谋超人的将领，再加上自己的仁慈英明，认为扫平东晋、一统天下，简直易如反掌。

三年后，即 378 年，苻坚开始分东西两路试探着进攻东晋。

在东路，秦军一路占领了彭城、淮阴，并于第二年五月紧逼至三阿（今江苏省高邮市），距离重镇广陵（今江苏省扬州市）只有百里之遥。东晋朝廷开始惊慌，立即派兵在沿江一带布防，并派谢玄率领人马抗秦，最终打退了前秦的侵犯，将前秦赶到淮水以北。前秦的东路进攻宣告失败。

在西路，苻坚派遣他的儿子征南将军苻丕率步骑兵七万进攻襄阳，同时派遣征虏将军石越率精兵一万、慕容垂率兵五万、领军将军苟池率兵四万从四面开始围攻。襄阳守将梁州刺

史朱序奋力坚守襄阳城近一年，还是回天乏力，最终襄阳城被攻破，朱序也被俘虏。

苻坚爱惜人才，因此并没有难为朱序，依然将其留为己用。然而，令苻坚没有想到的是，收留朱序却为自己在淝水之战中的大败埋下了第二个致命的隐患。

此次进攻东晋的成功，让苻坚更加坚定了消灭东晋的决心，他认为统一的时机已经来到了。382 年 10 月，苻坚召集大臣到太极殿，商议大举出兵东晋。苻坚用威严的目光扫视群臣，很自信地说："朕继承王位已经二十多年，东征西战，每次想到天下尚未统一，就深感不安。现在四方的少数民族都已经被降服，只有东晋还在负隅顽抗。现在我国有精兵百万，良将无数，朕决定亲自带病讨伐东晋，众卿意下如何？"苻坚的话刚一出口，下面的大臣便议论纷纷，一些惯于见风使舵的人极力附和，把苻坚的战功吹捧一番。苻坚听到这些话十分高兴，脸上露出了笑容。但也有一些明智的大臣极力反对，大臣权翼慷慨激昂地说："现在东晋虽然在实力上弱于我国，但是君臣和睦、上下齐心，朝中还有谢安、桓冲这样的杰出人才，因此现在出兵东晋，并不合适。"苻坚听完权翼的议论，心中很是不快，沉默很久才说道："大家还有什么看法，都说说吧。"话音刚落，大臣石越奏道："臣以为，权翼讲得确实有道理。现在东晋不但君臣一心，而且有长江天险作为屏障，百姓也愿意为朝廷出力。"此时的苻坚对这些话根本听不进去，驳斥道："长江有什么了不起！我现在有精兵百万，将马鞭扔到长江里都可以使长江水断流，天险有什么用？"

苻坚的提议遭到多数大臣的反对，他天真地认为自古帝王都是与一两位大臣决定大事，人多只会众说纷纭，让人乱了方寸。于是私下与弟弟苻融商议，没想到苻融也不支持他，说："现在伐晋并不合适。首先，没有合适的理由。这些年，东晋并没有来我国境内寻衅滋事；其次，我军连年征战，大家都很疲乏，不想打仗，甚至有畏敌之心。"苻融还指出，持反对意见的都是忠臣，应该采纳他们的意见。苻坚听了很生气，说连你也这样，我还有什么指望。

苻融看见苻坚这样固执己见，十分痛心，哭泣着说："我所担心的不是讨伐东晋无功而返，而是陛下率领大军南下伐晋，只留下太子和刚刚归降的鲜卑、

羌等部落留守京师，我是怕这些降臣并不是真心，担心祸起萧墙啊。”苻融还以王猛临终遗言相劝，苻坚却执意伐晋。

此时，慕容垂和姚苌却支持苻坚的想法。苻坚大为高兴，引以为知己。

苻坚开始征集军队，每十丁出一兵，良家子弟有才有勇者都为羽林郎。当时所有人都反对，只有慕容垂、姚苌和这些羽林郎赞成出兵。苻融还想做最后的努力，劝苻坚说：“鲜卑和羌人，都是我们的仇人，并不是真心归顺我们。这些羽林郎，都是一些富豪子弟，平时不思军旅，只是一群阿谀谄媚之徒，轻易相信，只怕会有后患啊！”

苻融还搬出王猛临终的话来劝慰苻坚。王猛临终时对苻坚说过：“我们现在的对手不是东晋，而是鲜卑人和羌人，这些人并不是真心归顺我们，但他们的首领却在我军担任要职，甚至掌握兵权，必须早日换掉。”王猛将当时前秦面临的主要问题概括成一句话：“严防鲜卑、严防羌。”但是，这时苻坚南下的诏书已经下了，当然更听不进去了。苻坚的妃子张夫人听到此事，也好言相劝。苻坚却说：“打仗的事，你们女人家别管。”苻坚最宠爱的小儿子苻铣，也劝苻坚说：“皇叔（指苻融）是最忠于父王的，父王为什么不听他的话呢？”苻坚冷淡地说：“天下大事，小孩子别乱插嘴。”

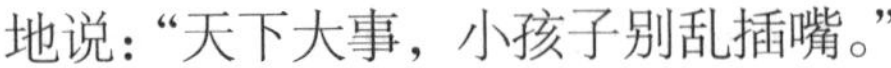

就这样，苻坚拒绝了大臣和亲人的劝说，一意孤行地将伐晋的事定了下来。秦国开始为这次大规模的军事行动做准备，他先下令强迫前秦统治下的各族人民当兵，又在全国范围内搜刮财产作为军用物资，决心打败东晋。

三、淝水之战的历史经过

（一）前秦百万军队，强敌压境

383年3月，苻坚雄心勃勃地发号施令，整顿军队，开始准备南伐。同年8月，苻坚派苻融、慕容垂率领骑兵二十五万为前锋，封姚苌为龙骧将军率领益州和凉州的人马，自己则亲自率领戎兵六十多万、骑兵二十七万，号称百万大军，浩浩荡荡向东南方向进发。

前秦兵马旗鼓相望，前后绵延数千里。9月，苻融率领的先锋兵马已经到达颍口（今安徽省颍上县），苻坚率领的兵马才刚刚到达项城（今河南省周口市境内），凉州之兵则刚到达咸阳（今陕西省咸阳市）。更夸张的是，蜀汉之兵则才刚刚顺流而下。前秦派遣的攻打东晋的人马，仅仅在行进的军队，就前后绵延现在的陕西、河南、湖北、安徽几省，规模和声势之大，在历史上也是罕见的。

（二）东晋团结一致，众志成城

在一统北方的战争中所向披靡的苻坚被胜利冲昏了头脑，他大大低估了东晋的实力。这时的司马氏已经偏安于南方将近半个世纪，心怀不轨的桓温已经死去多年，现在的东晋朝内，政权也已经相当稳定。东晋内部虽然还有一些勾心斗角，但总体上呈现平静祥和的局面。

秦军出兵的消息很快传到了东晋的国都建康。在这个关系东晋生死存亡的紧急关头，东晋统治集团内部以大局为重，迅速停止内部争斗，开始商量对策。大家议论纷纷、人心惶惶，都在讨论这件事。有人主张："前秦简直欺人太甚！居然毫无理由地起兵攻打我国，现在大敌当前，古人云：'得道多助，失道寡助。'我们团结一心，奋勇抗击，必定能够打败前秦的不义进攻！"

但也有一些怯懦的人并不认同："现在是敌强我弱，敌人带来的可是百万人马，我国现在能迎战的兵士只有不足二十万，这样以卵击石的战争，结果已

经可以想象。这样的局势，如果我们奋起抗击，只会给我国带来没有意义的伤亡。还是及早投降吧，也可以避免不必要的伤亡。”

现在的东晋，在位的是孝武帝，辅佐朝政的是丞相谢安。谢安在东晋很有威望，人们都将他和东晋初年的名相王导相提并论。文武双全、足智多谋的谢安见朝中大臣为了是战是降而争论得面红耳赤，便道出自己的观点：“以少胜多、以弱胜强的战役，历史上也是常见的，只要我们君臣一心，团结一致，以东晋大局为重，一定可以打败前秦的无理挑衅。”

接下来，孝武帝召谢安来商量抗秦计策。谢安举贤不避亲，把自己的弟弟谢石和侄子谢玄推荐给孝武帝。孝武帝便任命谢石为征讨大都督，封谢玄为将军，一切军事大事听凭谢安处理。

谢安对手下的大将进行了分工：征讨大都督谢石指挥全军；桓冲镇守上游，谢玄担任先锋，掌管江北的各路人马，带领八万兵马阻击秦军，并镇守广陵（今江苏省扬州市）；胡彬带领水兵五千名，去淝水河边的寿阳城帮助当地的官兵抵抗苻坚；谢安自己则亲自担任征讨大都督。

谢玄也是个军事人才，他到了广陵以后，就招兵买马，扩大武装。当时有一批从北方逃难到东晋来的人，纷纷应征。他们中间有个彭城人叫刘牢之，从小练得一身武艺，打仗特别勇猛。谢玄让他担任参军，派他带领一支精锐的人马。这支人马经过谢玄和刘牢之的严格训练，成为百战百胜的军队，在解三阿之围中，击败了前秦的东路进攻，表现出极强的战斗力。由于这支军队经常驻扎在京口（今江苏省镇江市），京口又称“北府”，所以也把它叫做“北府兵”。

然而，以八万多的兵力与百万秦军相对抗，正如主张投降的大臣所说，确实是以卵击石的冒险。谢玄手下的北府兵虽然勇猛，但是前秦的兵力是东晋的十倍，谢玄心里到底有点紧张。出发之前，谢玄特地到谢安家去告别，请示一下这场仗怎么打。哪儿知道谢安听了像没事一样，轻描淡写地回答说：“我已经有安排了。”谢玄心想，谢安也许还会嘱咐些什么话。等了半天，谢安还是没开腔。

谢玄回到家里，心里总不踏实。隔了一天，又请他的朋友张玄去看谢安，托他向谢安探问

一下。

谢安一见到张玄，马上邀请他到山里一座别墅去。到了那里，已有许多名士先到了。张玄想问，也没有机会。谢安请张玄陪他一起下围棋，还跟张玄开玩笑说要拿这座别墅做赌注比个输赢。张玄是个下棋好手，平常跟谢安下棋，他总是赢的。谢安本来棋艺不高，平日远非张玄的对手，但此次开局后，谢安镇定自若，得心应手；张玄却因心系前敌，很快就败下阵来。谢安赢了棋，意兴更浓，又拉着张玄东游西逛，直到月上东山，才兴尽而归。

当夜，月上中天、万籁俱静的时候，谢安突然把谢石、谢玄等将领全部召集到自己家里，把每个人的任务一件件交代得很清楚，一直到东方破晓才算完事。大家看到谢安这样镇定自若，也增强了信心，高高兴兴地回到军营去了。

当时，镇守荆州的桓冲听到形势危急，专门拨出三千精兵到建康来保卫京城。谢安对派来的将士说："我这儿已经安排好了。你们还是回去加强西面的防守吧!"将士回到荆州把情况告诉桓冲，桓冲很担心。他对将士说："谢公的气度确实叫人钦佩，但是不懂得打仗。眼看敌人就要到了，他还那样悠闲自在。兵力那么少，又派一些没经验的年轻人去指挥。我看我们准要遭难了。"

原来，谢安的镇定是刻意表现给将士们看的。看到大敌当前、人心惶惶，为了稳定人心，不使将士因为惊慌先乱了自己的阵脚，从而失去斗志，谢安才每天装作若无其事的样子，游山玩水。实际上，在游山玩水中，谢安却在暗中观察敌人的一举一动。如何抗秦，谢安早已胸有成竹。

（三）前秦攻城略地，无往不利

前秦苻融率领的先锋部队，日夜行军，仅仅用了一个月的时间就来到了淮河北岸。

这一天，苻融率领的前秦先锋部队马上就要到达东晋的寿阳城（今安徽省寿县），苻融正要下令自己的先行部队在寿阳城外安营扎寨、暂不攻城，等大部赶到时再开始攻占寿阳。忽然接到兵士来报。原来，求胜心切的苻坚已经等不及大部队到齐，命令苻融的军队先行抢占寿阳。苻融接到命令，传令下去：

“继续行军，到寿阳城外再安营扎寨，明日开始攻城。”

东晋方面将仅有的兵马安排在沿江和一些重镇，并没有多少兵马来守卫寿阳城；另外，晋军也没有料到秦军会这么早开始攻城，且奉命率领五千兵马前来守卫寿阳的胡彬还在行军途中。就这样，公元383年十月十八日，秦军并没有花费多大的力气，就轻而易举占领了寿阳，并俘虏晋军守将徐元喜。与此同时，秦军慕容垂率领的兵马也攻占了郧城（今湖北省郧县）。这么容易就攻下寿阳城，苻融大喜，传书信给苻坚：“寿阳城已被攻下，东晋将士守卫虚弱，人马柔弱无力，不堪我军一击。”苻坚闻讯非常高兴。

东晋大将胡彬，本来奉命率领水军前来援助寿阳官兵，却在前往寿阳的行军路途中听到寿阳失守的消息。胡彬无奈只好退守硖石（今安徽省凤台县西南），等待与谢石、谢玄的大军会合后再做定夺。

苻坚听说东晋守卫疲软无力，而且寿阳城又攻打得这么顺利，便传令，命苻融一鼓作气，继续攻打硖石。

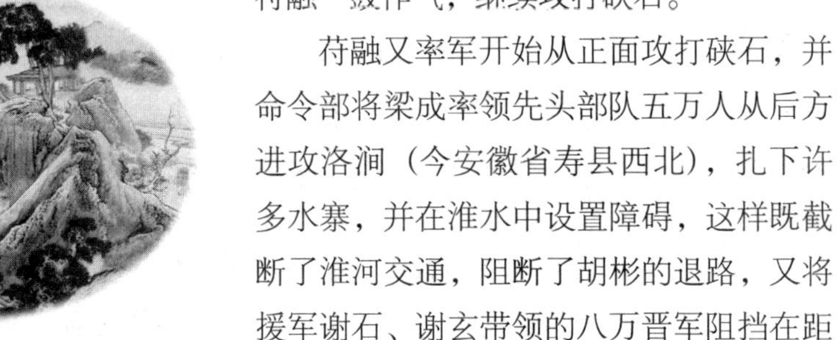

苻融又率军开始从正面攻打硖石，并命令部将梁成率领先头部队五万人从后方进攻洛涧（今安徽省寿县西北），扎下许多水寨，并在淮水中设置障碍，这样既截断了淮河交通，阻断了胡彬的退路，又将援军谢石、谢玄带领的八万晋军阻挡在距离洛涧二十五里处不能前行。

胡彬率领的兵马，被困守在硖石，进退不得，军粮一天天少下去，情况十分危急，便写信向谢石告急，请求支援。

现在胡彬的军队四周都是秦军的部队，信使要通往晋军大营，就必须穿过秦军的包围。可是事不凑巧，送信的晋兵在偷越秦军阵地的时候，被秦兵捉住。这封告急信就落在了苻融手里，苻融喜出望外，立刻写信派快马到项城将晋军兵少、粮草缺乏的情况告诉苻坚，并建议苻坚迅速起兵，以防晋军逃遁。

苻坚接连得到秦军前锋的捷报，收到这封信，更加骄傲起来。便把大军留在项城，迫不及待地亲自率领八千名骑兵火速赶往寿阳，恨不得一口气把晋军吞掉。

苻坚站在寿阳城上，居高临下，顿时壮志满怀，兴致勃勃，自信拿下东晋已经如同探囊取物，便传前东晋襄阳城守将朱序前来，道：“你前去告诉东晋

将领，我秦数十万大军，剽悍善战、威力无比，现在已兵临城下，贵军军中现在兵力短缺、粮草不足。现在强弱已明，胜负几乎已见分晓，还希望贵军不要负隅顽抗，应弃暗投明，我绝对不会亏待他们。”

朱序原本是东晋将领，襄阳城被攻陷以后，才归降前秦。得到这个做说客的机会，朱序心想：为东晋出力、报答东晋的机会到了。

朱序到东晋军中大营后，不但没有劝降，相反的，他却说道：“这次前秦人多势众，粮草充足，确实是实情，但是，现在前秦的大队人马并不在寿阳城中，而是在行军途中。我们现在应该抓住机会，火速出兵，趁他们的大部队还没有到来之前先下手为强，只要能够打败他们的先锋部队，就可以大挫秦军的锐气，长我军威风。如果不抓住现在的机会，等他们的大队人马到齐，我们就很难有胜算了。”朱序还答应，在秦军军营中充当东晋的内应，来个内外呼应，里应外合。

谢石、谢玄本来觉得以弱击强没有多大胜算，打算坚守城池，等到秦军疲乏了再寻找机会。但听完了朱序的分析，觉得很有道理，便改变主意，转守为攻，主动出击。

这一天，谢玄派遣勇将刘牢之率精兵五千迂回到秦军阵后袭击洛涧（今安徽省淮南市东淮河支流洛河），自己则从正面攻击。就这样，淝水大战的序幕揭开了。这一天，东晋军队在将领刘牢之的带领下，偷偷来到了洛涧，在夜幕的掩护下对秦军发动突然袭击，率兵强渡洛涧，猛攻秦阵。睡梦中的秦将梁成匆忙迎战，却被刘牢之一刀砍死。失去了主将的秦军惊慌失措、勉强抵挡一阵，争先恐后渡河逃命，秦军很快就土崩瓦解，主将梁成的弟弟梁云也战死沙场。

洛涧大捷，大大鼓舞了晋军的士气。谢石、谢玄一面命令刘牢之继续援救硖石，一面亲自指挥大军乘胜前进，直到淝水（今淝河，在安徽省寿县南）东岸，与西岸的秦军隔水对峙，并在寿阳城外安营扎寨。

寿阳城里的苻坚听到秦军在洛涧的大败，非常吃惊。苻坚登上寿阳城楼，一眼望去，只见对岸晋军一座座的营帐排列得整整齐齐，手持刀枪的晋兵来往巡逻，阵容严整威武。再往远处看，八公山上的晋军操练有序、严阵以待，不禁疑惑：这分明是一支井然有序、训练有素的劲旅，怎么能说是一支疲乏软弱、

不堪一击的队伍呢？

从此之后，苻坚心生畏惧，知道东晋不是那么好打败的，便决定暂时偃旗息鼓，停止进攻，先作休整，同时命令秦兵严密防守。

（四）淝水一战决胜负

现在的局势是，秦军在淝水以西，晋军在淝水以东，两军都不得渡。谢安和属下商量：“现在的局势，虽然秦军过不来这里，但我晋军却也过不去，这样下去，相持太久，秦军的大部队集结得越多，对我军就越不利，我们必须马上渡河作战才是，否则，我军就很难再有取胜的希望了。”

将领们也认为现在时间对于东晋是太重要了。谢石心生一计：“苻坚骄傲狂妄，自以为能迅速消灭我国。我们不如使用激将法，激他退军数里作为战场。苻坚考虑想到他们也是在外乡作战，必定希望速战速决，也一定会同意的。这个时候，我军便乘胜追击，争取一鼓作气消灭秦军。”

如果仔细斟酌，谢石的计策并不算是十全十美，因为淝水本来是东晋的一道天堑屏障，而这样的计策并没有把天堑利用起来。只是因为现在的东晋以弱击强，本身没有多少优势可言，只好放弃这道天然屏障，渡过淝水背水一战了。

谢玄派遣使者去见苻坚。使者见到苻坚，用激将法对苻坚说：“您现在率领百万人马深入我国境内，把我军进逼驻扎在淝水。现在两军对峙，您不想赶快和我军兵戎相见，难道是因为在洛涧的战役中您已经被我军的士气吓怕了吗？苻坚笑道：“害怕？我国百万大军已经陈兵在寿阳，贵国却只带来八万人马，而且你们现在粮草短缺的处境我们已经了如指掌。我军在洛涧战役中的失利，只是一时大意，才让你们暂时占了上风罢了，不要高兴过早了。所以，我劝你回去，告诉你们的将领，还是不要负隅顽抗，早早投降才是明智的选择。”

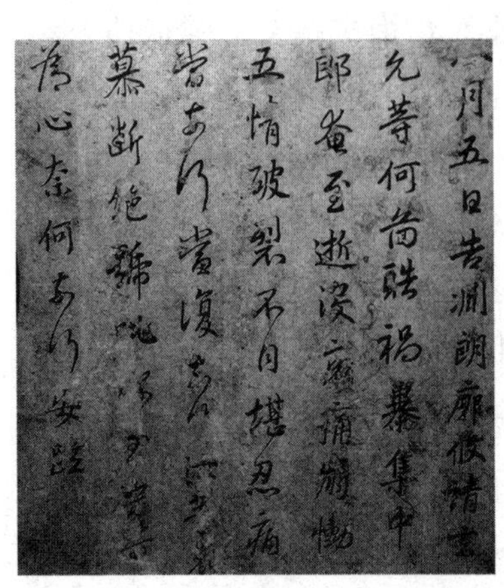

使者从容地说：“我军现在士气旺盛，是不可能投降的。如果您想早日见分晓的话，那不如让您的军队后退十里作为我们的战场，我们还是战场上相见吧。”

苻坚一拍桌子，说：“好！就让我秦军退后

十里，我们战场上见分晓。”

使者刚走，苻坚这里就炸了锅，大家都觉得苻坚的决定是鲁莽行事，非常不妥。有将领说：“晋军之所以这么急想要和我们作战，是因为他们军中粮草短缺，已经支撑不了多长时间了。我们只要静静地等，以我百万大军，到时候攻下东晋，还不是如同探囊取物一样简单。”也有大臣说：“晋军之所以先开口，就是因为他们现在形势危急，可能晋军军中的粮草已经让他们不能再等了，我们如果真的退军，便中了他们的计策。而且，我军这样无理由地退军，会把士兵的士气搞乱的，我军刚刚经过洛涧的失利，再也经不起这一乱了啊！”

苻坚听完群臣的争论，胸有成竹地说：“诸位分析得都有道理，朕难道不知道晋军的计谋吗？我自有对策，大家放心好了。”将领还是人心惶惶，纷纷询问皇上到底有什么对策。苻坚得意地说：“诸位将领，你们真的以为我会中晋军的奸计，真的放晋军渡过淝水吗？我只不过是将计就计罢了。虽然晋军粮草短缺，但我军粮草也并不充足，而且，淝水是天然的屏障，我军虽然勇猛，这样强渡淝水也会伤亡惨重的。既然晋军提出让我们退军十里，让晋军渡过淝水再兵戎相见，那么我们就表面上放他们渡过淝水，但是等到晋军渡河过半时，我们就派兵冲杀过去，在晋军渡淝水的过程中，将他们一举歼灭。”

秦军将领听完苻坚的计策，认为是一个好主意，这才放心一些。

再说晋军的使者回到晋军大营，将苻坚已经答应撤兵的消息报告谢石。晋军的将领都很高兴，便开始商量迎战对策。秦军人多势众，即使是苻坚放晋军顺利通过淝水，两军在沙场刀兵相见，晋军也依然难以取胜。原来，晋军也另有计策，让秦军腾出地方来肉搏，不过是下下之策罢了。

苻坚的计策不无精明之处，但还是将晋军想得太简单了。

终于，到了两军约定的这一天。苻坚信心满怀，指挥秦军开始往后撤退。但是，秦军刚刚经过洛涧大败，士气受到重创，军队情绪低迷。此次撤退，兵士们并不了解苻坚计策的真正用意，这种情况下撤兵，真是犯了兵家大忌。

苻坚一下令，兵士们便开始莫名其妙地撤退，这一撤退，却失去了控制，阵势大乱。大家纷纷嘀咕：“为什么要撤退呢？莫不是晋军打过来了吗？”“看

来这次晋军来势凶猛啊，我们刚刚在洛涧打了一场败仗，这次是又被打败了吗?”“哎，败了也好，我们就可以回到家乡了。”

在秦军一片混乱的撤退中，谢玄率领八千多精干剽悍的骑兵，趁势以迅雷不及掩耳之势抢渡淝水，并向秦军发起猛烈攻击。

这时，身在秦军队伍中的朱序，听到晋军已经开始渡河的消息，觉得机会终于来了。便左右环顾，大喊道:“秦军败了！秦军被晋军打败了啊！大家还是逃命吧!”秦兵本来就无心恋战，这时又忽然听到秦军被晋军打败的消息，毫不犹豫地开始竞相逃命。

这数十万人马，纷纷开始逃命，场面就异常壮观了，简直如同风掠草原、百川归海。

苻融在寿阳城上，忽然见下面的兵士阵脚大乱，一个个大叫着:“我们败了，大家快逃命啊!”虽然不明就里，但知道事情不妙，便马上率领军队下去阻止。但是，兵士们都以为秦军大势已去，又怎么会听从苻融的话呢？再说，几十万大军撤退起来，又怎是一两个人能拦得住的？这个苻融，慌乱之下，带兵冲入撤退的大军之中，他本打算稳住将士的阵脚，不想，却在慌乱撤退的人浪中被乱兵冲倒，死在了冲杀过来的晋军的刀剑之下。

苻融一死，秦军便失去了主将，群龙无首的秦兵彻底崩溃，一泻千里。

苻融率领的前锋的溃败，迅速引起后续部队的惊恐，这样便形成连锁反应，结果是秦军全部开始溃逃，一路向北败退。晋军乘胜追击，一直追到寿阳附近的青冈。

秦军人多，逃跑起来，人马相踏而死的满山遍野，一路血流成河。苻坚本人也在逃命中中箭负伤。这百万大军逃回至洛阳时已经仅仅剩下了十余万的兵马。

旭日东升的时候，秦军的二十多万兵马还列阵于淝水北岸，夕阳西下的时候，岸边已经没有了前秦的将士，剩下的是被践踏得面目全非的尸体以及血流成河的淝水，前秦帝国的命运，随着夕阳一起西下。

四、前秦失败的原因

要举出我国历史上以少胜多的战役的例子，并不是很难。毕竟，势力的强大总是容易让人麻痹，从而一叶障目，不见泰山，只看见自己的强大，看不见自己的弱势。但是，如同苻坚这样，率领百万大军却一败涂地的战役，也算是一个典型了。

（一）天不时未加分析，盲目起兵

所谓天不时，这里我们理解成苻坚起兵起的不是时候。

在决定攻打东晋之前，前秦在北方经过了一系列的讨伐战争，连年争战，百姓和将士都没有得到休养生息，长期处于困乏劳顿的状态。也正是连年征战中步步取得的胜利，才不断助长了苻坚的骄气，想要一鼓作气拿下东晋，完成统一大业。但苻坚没有想到的是，战争有时候不是趁热打铁一样简单。军队官兵经过这么长时间的战争，都已经有些厌倦了。而且，前面的战争都是针对一些小国家，自然易如反掌，现在面对的却是强大的东晋，因为征战小国家的容易而忽略强大的对手，苻坚确实是被胜利冲昏了头脑。

秦国连年的征战，不停地征召兵士将领，又增加各种苛捐杂税用来补充军资粮草，所以，在秦国所向披靡的战争中，百姓已经苦不堪言。

前秦经过所向披靡的战争，军事实力确实获得明显的壮大，不论在军队的人数还是国土面积上，都远在东晋之上，这也是苻坚之所以要出兵东晋的原因。但是，苻坚只是考虑到了自己在数量上的优势，却没有考虑到质量的问题，也就是军队的战斗力状况。

苻坚固执己见、一意孤行。在军队困乏、百姓怨声载道的时候，本应该休

养生息，整顿军队，让百姓和官兵都能好好喘口气，正所谓“收回来拳头才能更好地出击”，而他偏要出征。而且，征伐东晋并无理由，如果说，前秦对前燕、凉、代的战争中，还能找到一些听起来冠冕堂皇的出兵借口的话，这次对东晋的出兵却真的是挑衅了。

苻坚就这样强行对东晋出兵了，既没有合理的出兵理由，也没有让官兵百姓得到休养生息。试想一下，为了自己心中的统一大业，让别人拿着性命去冒险，官兵百姓自然怨声载道，这种情况下军队的战斗力怎能和东晋抗衡呢？

（二）地不利长江天险，远途作战

前秦“地不利”的第一点是江河天堑。

前秦出兵以前，就有人建议说，东晋拥有江河天堑，不可以盲目进攻。可是苻坚却听不进去。结果秦军在洛涧战役中大败，后来又和东晋隔淝水相望，苦于渡不过淝水。这样，求胜心切的前秦才中了东晋的计策，做出撤退，最终导致溃败的结局。

前秦“地不利”的第二点是远途行军。前秦建国之后，把都城建在长安，也就是现在著名的古都西安。而东晋的都城在建康，即现在的江苏南京，两地相差一千多公里，即使是在交通便利的今天，也要花费很长时间，何况是古代的徒步行军。秦军是百万大军不假，但因为路途太远，秦军的人马并不能完全利用起来，真正参与淝水之战的只是苻融、慕容垂率领的二十五万前锋兵马，其他的兵马都在行军路上。行军途中的前秦兵马旗鼓相望，前后绵延千里。

再分析一下前秦的这百万大军，精确地说是九十万左右，其中苻融、慕容垂的前锋兵马二十五万，苻坚率领的中间人马六十万，还有“羽林郎”三万。这二十五万的前锋兵马中，集中了苻融、张蚝、苻方、梁成、慕容垂等前秦所有能征善战的将领，后面的六十万大军仅仅由苻坚一个人带领。苻坚得到苻融关于晋军军中空虚的情报后，就迫不及待地带领了八千人马赶往寿阳。苻坚率领着六十多万的军马，为什么独独带了八千人马赶往寿阳呢？

在秦军出兵以前，苻坚颁布了一个政策：十丁抽一。这里的“丁”，是指已经担当了国家赋税的男子。那么“十丁抽一”会抽上这样一个结果：前秦总人口大约一千八百万。按平均每户五人算的话，那么就有三百六十万户，按一户有1.5“丁”算，那全国就有五百四十万“丁”，“十丁抽一”，最后就是五十四万。

苻坚这次抽兵，是不是也抽了氐族人，本身就令人怀疑，而且就算抽调了氐族人，也很可能是编到苻融的前锋部队中去。这五十四万人的比例，按照我们上面对前秦国家人口组成的分析，实际上氐族占十八分之一，其余胡人占五分之一，而剩下的汉人，接近四分之三。那么，这五十四万人里，就有四十多万都是汉族人！

这些大部分由汉族人组成的将近六十万的兵马会被放在淝水之战中的什么位置呢？前锋是用来打头炮的，用的都是在北伐中检验过的能征善战的老兵马，那么这五十四万兵马就只能放在苻坚的军中了。可是这样的兵马带过来有什么用呢？原来，苻坚早有考虑，这五十多万的兵马并不是用来打仗的，而是用来运粮的。但这听起来的百万大军，也确实唬了东晋一把！

俗话说，两军交兵，粮草先行，秦军百万大军，粮草是个大问题，所以，才有了这么多的兵马。这就是说，这些人基本和淝水之战没有什么关系，只是负责后方罢了。苻坚前往寿阳，只带八千兵马，一是因为知道这些人在战场上根本没什么用处，没指望他们上前线，索性继续留在后方继续运粮；二是骄傲地认为晋军不堪一击，用苻融等率领的前锋兵马来对付晋军就已经稳操胜券了，之所以带领八千人马，就是充当个护卫的作用罢了。

这就是长途作战的坏处，百万大军听起来挺气派，实际上却没什么实质性的用处，大部分人马留在后方，这样，前秦的溃败也就不意外了。

（三）人不和群臣纷争，兵心不定

前秦出兵攻打东晋是否是一个明智的选择，本来就值得考虑。自己意见还没有统一，就起兵攻打别人的国家，怎么可能有强大的战斗力呢？

前秦皇帝苻坚也算一个仁慈英明的君主，他对人才极度地爱惜，对于降将、俘虏也特别关照。在讨伐北方的战争中，对于归降的人，都不加为难，委以重任。他对待人才，可谓求才若渴，颇有曹操风范。虽然说用人不疑，但这些归降的人是真心投靠还是权宜之计，苻坚却丝毫不加考虑，直接为己所用。

前面说过，慕容垂是前秦大败的第一个祸根。

在讨伐前燕之后，燕国的吴王慕容垂，虽然战功显赫，却得到了燕国奸臣的嫉妒和迫害。慕容垂被迫逃离燕国，投奔了苻坚。慕容垂是燕国出色的骁勇善战的将领，此次“弃燕投秦”不过是逃命的一个计策罢了。但是，不明就里的苻坚本来就听说慕容垂的才能，知道慕容垂要投奔自己，喜出望外，丝毫不加分析地就要接受慕容垂，并且打算对其重用。但是当时的得力助手王猛并不同意。王猛认为慕容垂是秦潜在的威胁，认为不但不能收留慕容垂，并且要趁此机会杀了慕容垂，以免后患。但苻坚爱才心切，不听劝阻，封了慕容垂很大的官。

后来的秦国和燕国的战争中，王猛率兵势如破竹地灭了燕国，俘虏了国君慕容暐及许多慕容氏的官员。苻坚对他们都没有为难，均给了不同的官职。

慕容垂归秦以后，一直心有不甘，但始终忍辱负重，甚至在秦国攻打燕国时共同带兵伐燕，可以说是推波助澜地消灭掉了自己的国家。此后，慕容垂更是韬光养晦，等待机会，伺机光复燕国。

《资治通鉴》里在写到苻坚南伐时，写到慕容垂和儿子慕容农的一番对话，也许这番对话预示了前秦日后的惨败。重建燕国一直是慕容家族的心头大事，即使当了苻坚手下的高官也不能抵挡南面为君的诱惑。慕容农提到《神秘谶语书》，书中预言了前秦帝国的衰亡和中国北方大分裂的未来。但慕容垂却假惺惺地训了慕容农一番，意思是复兴大业自在本人心中，你们做小辈的怎么可以乱讲话！

很明显，慕容垂在等待一个机会，一个苻坚失败的机会。苻坚想要南下伐晋的消息一传出，侄子慕容楷就对慕容垂说：“叔父终于将机会等来了，看来

我们光复大燕的机会到了。”慕容垂也认为这是个千载难逢的好机会，对慕容楷说：“说得好，只有你能和我成此大事。”

慕容垂马上跑去对苻坚说：“弱并于强，小并于大，这是理所当然的。现在陛下神勇英武，四海皆知，又拥有劲旅百万，骁勇善战，正是挥师南下的大好时机，难道要把这件事留给后世子孙来做吗？”慕容垂还鼓动道，“国家大事，您自己定夺就是了，众口难调，何必广泛征求群臣的意见呢？以前，晋武帝扫平东吴，依靠的也只是张华、杜预两三个大臣而已。”苻坚听完，对慕容垂大加赞赏，并视为知己，说：“能与我一同平定天下的，只有你啊！”还赏慕容垂绸缎五百匹，表示鼓励。

为苻坚挥师南下推波助澜的还有一个人叫做姚苌。姚苌是羌族的首领，和慕容垂一样，都居心叵测，在等待这个机会。

在兴头上的苻坚，却独独听信了这两个人的谗言，并且让他们率领的兵马和苻融一起，组成了南下的前锋军。

前秦的第二个祸根是朱序。

朱序本是东晋的将领，在前秦攻打襄阳城时，朱序率领守城将领苦战一年，终于弹尽粮绝，投降了前秦。虽然在前秦军队中做着尚书的官，但在心里一直觉得对东晋有愧。

苻坚可能以为，朱序是东晋将领，让他去现身说法，更有说服力，体现自己的宽厚仁慈。可是朱序得到这个机会，却认为自己回报东晋的机会来了，不但没有充当说客，反而向东晋透露了秦军的现状，并极力劝说东晋立刻出击。

在淝水一战中，朱序虽然仅仅说了一句“秦军败了”，发挥的作用却是难以估计的。在秦军游移不定撤退的时候喊一句“秦军败了”，无疑是肯定了秦军的怀疑，使秦军毫不犹豫地撤退下去。最终决定了秦军大败的命运。

古人说：用人不疑，疑人不用。是说怀疑的人不能用，用了就不要怀疑。这并不是说不能怀疑，尤其是对于归降的将领，应该先“疑”，检验过了才能决定是否能够重用。对于这些降将，不加以分析他们归降的背景和原因，就给予重用，最后终于酿下大祸，甚至在最后危及自己的性命。

（四）骄兵必败，哀兵必胜

中国还有一句古话：骄兵必败，哀兵必胜。其实战争的胜负和是否骄傲并没有直接的联系，之所以骄兵必败、哀兵必胜，是因为人在骄傲的时候总是一叶障目，不见泰山，只看到自己的强大，看不到自己的弱点，最后导致被对方利用自己的短处而取胜。而谦虚的一方，却因为自己实力较弱，因此才考虑周全，不轻易地夸大自己，也不随意忽视对手，最终才得以和对手抗衡。

苻坚之所以决定对东晋出兵，是因为觉得北方的少数民族已经被平定，并且苻坚觉得在平定北方的战争中，也已经显示了前秦军队的实力。现在既然已经扫平北方，就应该趁热打铁，一举荡平江南。

苻坚扬言：我们现在有百万大军，扫平江南易如反掌，等我们胜利了，可以用俘虏来的司马昌明做尚书仆射、谢安做吏部尚书、桓冲做侍中，看现在的情况，得胜那天应该是指日可待，你们不妨提前给他们建好官邸。

兵还没有到，仗还没有开始打，自己就定了战争的结论，并且准备好了招降事宜，不仅在自己国家为他国的国君设置了投降后的官职，甚至在开战之前

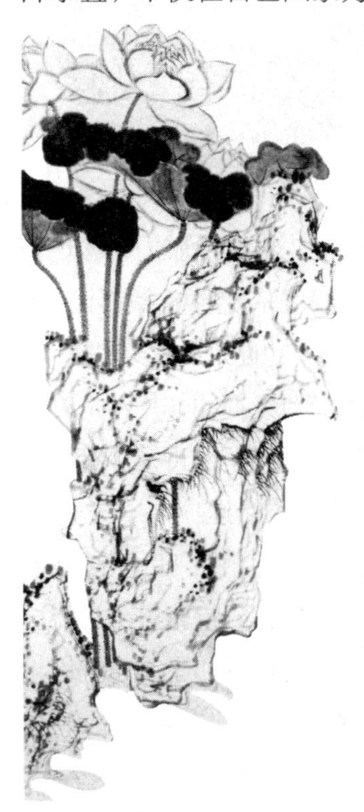

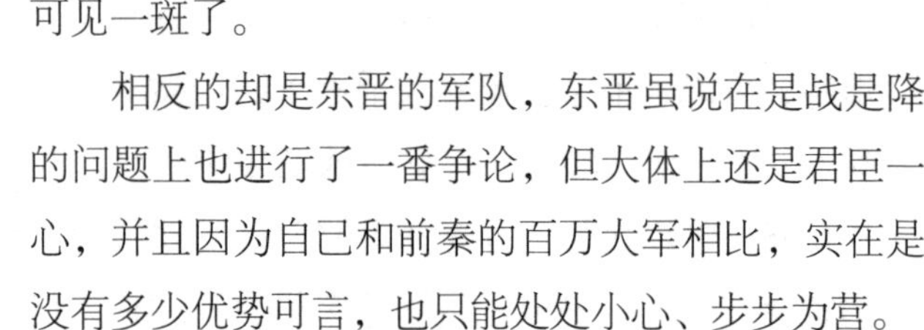

就先着手为其建官邸了。苻坚的骄傲和自信真的是可见一斑了。

相反的却是东晋的军队，东晋虽说在是战是降的问题上也进行了一番争论，但大体上还是君臣一心，并且因为自己和前秦的百万大军相比，实在是没有多少优势可言，也只能处处小心、步步为营。

东晋孝武帝让谢安举荐将领，关键时刻，谢安举贤不避亲，推举自己的弟弟、侄子和儿子为抗秦将领。在东晋内部人心惶惶的时候，谢安身为丞相，先不自乱阵脚，起到了稳定军心的作用。淝水之战前期，东晋又分析形势，利用前秦的骄傲心理，用激将法诱使秦军退后，方才赶在前秦大部队赶来之前开始了淝水之战，打退了秦军的进攻。

五、淝水之战的历史意义

淝水之战，寿阳的前锋溃败。逃亡过程中，人与人相互踩踏，死者十之七八，秦军在淝水之战中遭遇惨败。历史上有个结论：淝水之战直接决定了前秦灭亡的命运。可是，按道理应该不至于。前秦带来百万大军，但真正参加淝水之战的只是前锋军队的二十五万人和苻坚从项城带来的八千精兵，后面还有六十万大军待在河南的项城，两地相差三百多公里，应该毫发无伤才对。

这就显示出秦军的百万大军只是金玉其外了。前秦是由氐人建立的政权，属于少数民族，而这六十万人马里主要是汉族人，是十丁抽一进的军队，本身就不情愿，再加上在后方听到前线溃败的消息，这些军队就一哄而散，这样，号称“百万大军”的前秦军队随之土崩瓦解。所以，说淝水之战决定了前秦的命运就不意外了。

（一）北方稳定局面的解体

看到秦军大败的场景，苻坚也开始匆忙逃命，一路往北逃窜，中途还中了晋军的一箭，一直到河南洛阳，收拾剩下的残兵败将，百万大军只剩下十几万。正所谓树倒猢狲散，可悲的是真正使秦国走向灭亡的并不是东晋，而是被苻坚引以为知己的慕容垂和姚苌。

淝水之战后，前秦元气严重受损，各族首领也趁机开始反秦自立。

秦军在淝水之战中几乎失去了自己全部的精锐部队，但是慕容垂率领的燕人将士却丝毫没受到损失。在战前被苻坚引以为知己的慕容垂，在淝水之战后，首先做的就是到邺城(今河南省安阳市北)拜谒先人陵墓。当时正好碰到丁零族翟斌于河南起兵反秦，镇守邺城的苻丕（苻坚庶长子）命慕容垂和苻飞龙前往镇压。慕容垂并没有听从苻丕的话，反而在途中杀掉了苻飞龙，与前秦决裂。

384 年，慕容垂自称大将军、大都督、燕王，建元立国，史称后燕。率领兵马二十余万，进围邺城。385 年，苻丕自邺城撤往晋阳（今山西省太原市西

南)，黄河以北之地尽属后燕。386年，慕容垂自立为帝，定都中山（今河省北定州市)。392年消灭割据河南的丁零族翟魏政权，394年灭西燕，基本上恢复了前燕版图。

淝水之战两年后，前秦前将领、极力支持苻坚出兵南下伐晋的慕容垂和姚苌，分别率领后燕和后秦开始攻打前秦，前秦的都城长安被困，苻坚被迫退到五将山（今陕西省岐山县东北)，不久就被后秦王姚苌的军队活捉。姚苌威逼苻坚交出玉玺，苻坚不仅严词拒绝，而且痛骂姚苌，于是姚苌下令处死了他。公元386年，姚苌称帝于长安（今陕西省西安市)，国号大秦。

前秦的幽州刺史王永得知这个消息后，立即派人通知苻坚的儿子苻丕，并拥立他即皇位。第二年，苻丕大封群臣，王永被加封为丞相。王永就位以后，写了一篇檄文，号召前秦在各地的武装力量集合起来，讨伐后秦首领姚苌和后燕首领慕容垂，檄文中写到：先帝不幸被害，现在国家凋败，百姓生活在胡人的统治下，生活在水深火热之中，痛苦不堪。各地文武官员见到本檄文后，要马上派兵前来会师，准备作战。

但是，前秦有作战能力的将领在淝水之战中几乎全部阵亡了，现在的前秦已经没有可以率兵作战的将领。在淝水之战中所剩无几的士兵，也没有多少是苻坚氐族的人马，全部是一些不情愿作战的汉族人。

这些人马，本来散居在秦国各地，又恰逢一些前秦将领纷纷离秦自立，且苻丕又刚刚即位，朝廷的人马也大作调整，搞得是人心惶惶。恰在这个时候，这些人马接到上面的旨意让率兵讨伐逆贼，这些匆忙之间从各地征集过来的人马，完全没有什么协调配合能力。这样的军队，在和后秦的战争中，自然不堪一击。

394年，前秦被后秦消灭。历六主，共四十四年。

前秦灭亡以后，北方更是乱上加乱，再没有哪个力量可以像前秦一样在北方占有举足轻重的地位，北方的稳定局面彻底解体。

（二）中原文化的延续和发展

东晋在淝水之战中的胜利，也算胜得侥幸，遗憾的是这场战争所引发的影

响和余波远远超出了战争本身，中国中古时代3、4世纪的政治格局因此发生了改变。淝水之战直接导致了前秦统治的分崩离析，而偏居江左的东晋，则赖此战得以继续维持其政权，汉文化也借此传承下来。中国大分裂、大混乱的局面不但未能终结，还愈演愈烈，南北统一，被整整推后了两个世纪。可以说，没有前秦在淝水之战后的崩溃，就不会有拓跋氏北魏的崛起，长达一百六十余年的南北朝也无从谈起，更遑论承袭于北魏北周的隋唐时代了。

由于东晋统治者安于江南，不以恢复中原为意，门阀大族致力于南方的庄园经营。北方大族及大量汉族人口迁徙江南，使得江南的名士与渡江的中原人士有了更多的交流机会，促进了社会文化的发展。在社会生产上，北方的手工业技术与南方的技术相互融合，使东晋的手工业水平比西晋有了大幅度的提高。南下的北方农民和土著农民辛勤劳动，开辟南方广大的山泽荒野，促进了江南的开发，促进了长江流域的经济发展。

由于少数民族的入主中原，使他们更多地接触到华夏文化，使之与汉民族逐渐发展为同一生活习惯的民族，进而与汉族融合。自魏、晋、南北朝之后，中原北方大体已形成以汉族为主，其他少数民族混居的人口构成形式，使中国正式成为具有相似生活习惯的多民族国家。

自曹魏以来，中国的文学发展一直处于大步前进的时期，其中以东晋年间的文人最为著名，如山水诗人谢灵运、田园诗人陶渊明等人。而东晋的绘画、书法也有颇杰出的成就，如顾恺之的画作、王羲之的书法，都有很高的艺术价值。

六、不只是一场战役

淝水之战是一场战役。

淝水之战最终以前秦的惨败落下帷幕，给前秦带来的不仅仅是一场战争的失利，而是一个国家的灭亡；给历史带来的，不仅仅是一个国家的灭亡，而是一段安定时期的结束；又不仅仅是一段安定局面的解体，而是汉文化的延续。

淝水之战是一场荒唐的战役，荒唐在错误的时间发动错误的战争，荒唐在百万军马竟然输给了八万人马，更荒唐在百万军马中竟然有将近六十万只是虚张声势。因为这场战役的典型性，也成为后来兵家拿来借鉴的一面镜子。

然而，淝水之战又不仅仅是一场战役。在淝水之战中，前秦留给我们的是血淋淋的教训，而东晋却更加让我们领略了什么叫做魏晋风度。

中国的历史长河中，以少胜多的战役，也不乏实例。之所以说淝水之战不只是一场战役，是因为对于一段历史而言，淝水之战的可贵在于留下的不是经验和教训，而是一个个鲜活的人物：既表现出骄傲，也显示出仁慈和可爱的悲剧人物苻坚；深谋远虑与风流倜傥并存的谢安；居心叵测、深藏不露的慕容垂……

对于历史而言，这些人物存在的意义可能远远超出了一场战役。

这就是淝水之战。

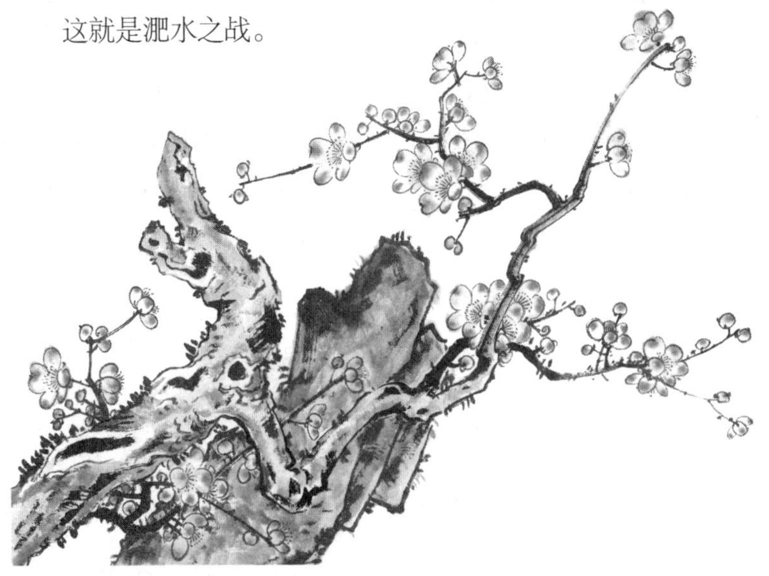

雅克萨之战

17 世纪 80 年代发生在我国东北边境的雅克萨之战，对于进关未久且在关内立足未稳的清政府而言，意义是十分重大的。能否取得这场战役的胜利，关系到当时我国东北地区甚至整个清王朝的领土安全与主权完整，关系到清王朝政权的巩固和全国的统一。而雅克萨之战，是中国人民反击外来侵略取得的一次重大胜利。

一、黑龙江流域民族的繁衍

雅克萨之战是清朝在康熙年间为反击沙皇俄国对我国黑龙江流域的入侵而发动的旨在捍卫边疆国土的反侵略战争。15 世纪末，沙皇俄国在摆脱蒙古金帐汗国的统治后，积极向外扩张，越过乌拉尔山脉进入西伯利亚。17 世纪中叶，正值中国明清两朝鼎革之际，沙皇俄国扩张的魔掌伸向了我国东北地区，先后与我国蒙古、达斡尔等部落发生武装冲突。面对沙俄的侵略野心，清廷奉行坚决反击的策略。但因当时清朝入关未久，政局不稳，加之在康熙初年又陷入了长达八年的平定三藩战争，分身不暇，无力在东北地区做出大的战略反击。三藩之乱平定后，康熙帝随即将战略重点转向北方，先后发动两次雅克萨之战，将沙俄侵略军赶出雅克萨地区，并迫使沙皇同意进行和平谈判。经过一番艰苦的谈判，中俄双方最终签订了中国历史上第一个较为平等的边界条约——《中俄尼布楚条约》，该条约以文本的方式划分了两国东段边境，从而在法律上肯定了黑龙江流域、乌苏里江流域是中国的领土。17 世纪 80 年代发生在我国东北边境的雅克萨之战，对于进关未久且在关内立足未稳的清政府而言，意义是十分重大的。能否取得这场战役的胜利关系到清王朝尤其是作为满族发祥地——东北地区的领土安全与主权完整，关系到清王朝政权的巩固和全国的统一。所以，雅克萨之战是中国人民反击外来侵略取得的一次重大胜利。

黑龙江流域自古以来就是我国不可分割的领土，黑龙江更是中国的内河。我国不同时期的历史文献对黑龙江有着不同的称谓。约在公元前 5 世纪成书的《山海经》称黑龙江为“浴水”；公元 7 世纪成书的《北史》称“完水”；《唐书》称“室建河”，《旧唐书》称“望建河”，《金史》称“石里罕河”，《元史》称“撒合儿兀鲁”。而“黑龙江”一名的记载最早见于《辽史》。满语称黑龙江为“萨哈连乌拉”，“萨哈连”汉意为“黑”，“乌拉”汉意为“江”。黑龙江全长 4350 公里，整

个流域面积 184 万平方公里，土地辽阔，山川壮丽，物产丰饶。生活在这一地区的我国古代各民族，其名称较为复杂，各时期的称谓也不相同，如肃慎、乌桓、鲜卑、柔然、室韦、挹娄、勿吉，以及公元 8 世纪以后的契丹、女真、蒙古等民族。

（一）肃慎时期

东北地区的原始居民与山东半岛上的原始部落有着非常深的渊源。据历史文献记载，满族的祖先——肃慎人是我国古代东北地区最早的居民之一。肃慎又称息慎、稷慎，是我国东北地区的古老民族，也是现代满族的祖先。传说在舜、禹时代肃慎族已经与中原有了联系。公元前 21 世纪，中国正值夏朝初期，山东半岛上龙山文化的农业文明经海道传入东北地区的肃慎族，使肃慎地区的农业得到较大发展。商朝末年，肃慎族大体分布在今天的长白山以北，西至松嫩平原，北至黑龙江中下游的广大地域，以渔猎和狩猎生活为主，在松嫩平原上出现了初步的农耕文明，其中心区域在今天的牡丹江中游地区。肃慎族以产弓矢、貂皮著称，史书记载，其在周灭商后臣服于周，并遣使进贡木制箭杆、石质箭头的弓箭。战国以后的挹娄、勿吉、靺鞨、女真，史家多认为属肃慎系统或与之有密切的渊源关系。

（二）挹娄时期

“挹娄”是肃慎族系继“肃慎”称号后使用的第二个族称，前后沿用约有六百余年（汉代至晋代）。挹娄的活动区域在今天辽宁省东北部和吉林、黑龙江两省东半部及黑龙江以北、乌苏里江以东的广大地区内。挹娄已经拥有渔猎业、农业、畜牧业和手工业等生产部门，狩猎用的工具还是以弓箭为主，“弓长四尺，力如弩，矢用楛，长尺八寸，青石为镞”。不过，与肃慎时比较，挹娄的“石弩”已经有了很大改进和发展，反映在使用的“（箭）簇皆施毒”，中者即死。公元 5 世纪的南北朝时期，挹娄势力衰落，与挹娄同为近亲群体的勿吉势

力兴起，并最终取代了挹娄，称霸黑龙江流域。

（三）勿吉时期

南北朝时期(420—589)，牡丹江流域生活着挹娄人的后代——勿吉人，该部族在以后的历史发展进程中逐渐演变成为靺鞨人。勿吉人在历史上曾以强悍著称，并有西逐夫余、南侵沃沮的英雄业绩。勿吉的地理位置，在松花江东流段和北流段的广大地区，即松嫩平原和三江平原的广大地区，中心区域在松花江与嫩江交汇处的松花江丁字形大曲折一带。勿吉的疆域面积比其先祖挹娄的范围要广大。在肃慎、挹娄生产的基础上，勿吉人农耕的比重增加了，种植有粟、麦、稷和葵等农作物，并采用中原人早已淘汰的耦耕技术进行耕作。但作为森林民族，勿吉人的狩猎业仍在生活中占主导地位。勿吉人“筑城穴居”，房屋的形状就如同一个大的坟丘，上面留一个出入口，进进出出也得用梯子。这与肃慎人“夏则巢居，冬则穴处”和挹娄人“常穴居”、“大家深至九梯”相同，依然保持了“穴居”的习惯。从穿着上看，勿吉的女性一般身穿布裙，而男性则是身穿猪、狗皮袍。男人的头上插一根虎或豹尾以显示勇敢。

（四）靺鞨时期

靺鞨族是勿吉人的后代。隋唐之际，“勿吉”改族名为“靺鞨”，拥有粟末、白山、伯咄、安车骨、号室、拂涅、黑水等七大部落。其中以居住在粟末水（今第二松花江流域）而得名的粟末靺鞨最为强大，有战士数千人。698 年，粟末靺鞨的领袖大祚荣自立为“震国王”，在松花江以东乌苏里江流域，建立渤海政权，后不断向唐王朝遣使朝贡，并仿照唐朝的模式建立了政治、经济制度，使用汉文书写。707 年，粟末靺鞨接受了唐王朝的招抚。713 年，唐王朝派遣鸿胪卿崔忻奉使宣劳靺鞨，大祚荣获得了“渤海郡王”的封号，并被加授为忽汗州都督，正式成为唐朝的藩臣。755 年，渤海将国都迁到上京龙泉府（今宁安渤海镇），并派兵征服了黑水靺鞨。762 年，渤海第三代王大钦茂被晋封为“渤海国王”后，与唐王朝的关系更为亲密。此后，渤海历代诸王的继

袭都经过唐王朝的册立，终唐之世遣使朝唐一百数十次。其间除大武艺之世一度与唐朝发生军事冲突外，对唐始终友好。唐亡后，渤海继续向中原的后梁、后唐朝贡，保持着臣属于中原王朝的关系。渤海地区是当时亚洲“东方丝绸之路”的中心，从唐朝运来丝绸，加上自己制造的名产桑蚕之丝和柞蚕丝绸，运向东方的日本、西方的契丹和室韦、南方的新罗、北方的黑水靺鞨、东北的流鬼（今俄罗斯堪察加一带）。

渤海的疆域，初期仅限于靺鞨的部分故地，“方二千里”。经过大祚荣、大武艺父子两代的扩充，渤海的领地逐渐扩大。第十代宣王大仁秀被称为“渤海国中兴之主”，国土面积得到大幅度的扩张。这一时期的渤海南定新罗，北略诸部，境域至“方五千里”，大体上南至泥河（今朝鲜咸镜南道龙兴江）与新罗相接，东到日本海，东北至乌苏里江下游与黑水靺鞨为邻，北隔那河（今松花江）与室韦为界，西抵扶余川（今吉林伊通河）流域与契丹接壤，西南同唐朝交界于辽河流域，包括今东北大部、朝鲜半岛北部及俄罗斯沿日本海的部分地区等广大地域，首都初在“旧国”（今吉林敦化一带），唐玄宗天宝末年迁上京龙泉府（今黑龙江宁安西南东京城）。此后除唐贞元时一度迁到东京龙原府（今吉林珲春西）外，一直定都于上京。渤海地区的居民以靺鞨人最多，还有汉人以及少量的突厥、契丹、室韦人，靺鞨中又以粟末靺鞨为主。建国初期有编户十余万，人口数十万，后期人口逐渐增至三百万左右，从而获得了“海东盛国”的称誉。

然而，随着渤海王国的日益强大，其社会内部的各种矛盾也在发展和激化。从大玄锡、大玮瑎时起，渤海逐步走上了衰微的道路。宗室贵族和整个统治阶级日益腐朽，统治集团内部争权夺利斗争加剧，北方黑水靺鞨诸部的反抗激烈，这些都严重地削弱了渤海政权的实力，并为西邻契丹人的侵扰和进攻提供了可乘之机。经过一二十年的反复较量之后，926年初，契丹攻占扶余城，乘胜进军至上京忽汗城下，渤海末代王被迫出降。

（五）契丹、女真时期

契丹族源于东胡后裔鲜卑的柔然部。族名“契丹”的原意为镔铁，象征契丹人顽强的意志和坚不可摧的民族精神。历史文献中关于契丹的最早记载开始

于389年。这一年，柔然部被鲜卑拓跋氏的北魏击败。北柔然退到外兴安岭一带，成为蒙古人的祖先室韦。而南柔然避居今内蒙古的西喇木伦河以南、老哈河以北地区，以聚族分部的组织形式过着游牧和渔猎的氏族社会生活。此时八个部落的名称分别为悉万丹、何大何、伏弗郁、羽陵、匹吉、黎、土六于、日连。在战事动荡的岁月中，各部走向联合，形成契丹民族，先后经过了大贺氏和遥辇氏两个部落联盟时代。

916年，契丹杰出首领耶律阿保机趁唐朝末年中原战乱之机，取代了原遥辇氏部落联盟首领痕德堇，进而统一各部，在今天内蒙古自治区的巴林左旗建国，国号“契丹”，947年改国号为“辽”。辽国在926年（后唐时期）灭掉渤海国，渤海人被强制迁徙至今天辽宁省的西部地区。渤海国境内的女真族也被辽朝纳入统治范围。辽朝极盛时期的版图，北至今克鲁伦河、色楞格河流域，东临黄海，南至河北中部、山西北部，西近阿尔泰山，幅员万里。

辽朝末年，女真崛起。1115年，女真族首领完颜阿骨打在阿城（黑龙江省阿城市）建国，国号“大金”。金国建立后，展开了以辽五京为战略目标的灭辽之战。1125年，辽的末代皇帝——天祚帝耶律延禧被金军俘获，辽朝随即灭亡。金代的地方行政区划，大致与辽相同。金朝设有五京十九路，路是金代地方最高最大的行政区，相当于现代的省。金上京路领有会宁等府州，范围最为广阔，其西境可抵今嫩江流域，北达外兴安岭，东北至鄂霍次克海，东至日本海，南与咸平路为邻（今吉林省怀德县），并遥领曷苏馆路（今辽宁省金县）。

（六）元朝时期

蒙古高原地区的众多蒙古部落原为金朝的臣属。随着金朝的逐渐衰落，室韦人的后代——蒙古人的势力开始壮大起来，逐渐脱离金朝的统治。1206年，蒙古部族杰出的领袖——铁木真统一蒙古草原各部，在黑龙江源头召开大会，被蒙古诸部酋长共尊为“成吉思汗”，他和子孙们建立了世界历史上最强大的帝

国元朝。元朝是我国历史上疆域最广阔、国力最强盛的王朝之一。从疆域的广阔度来说，只有后来同为少数民族建立的清王朝才能和元朝相提并论。

据记载，元朝的疆域是“北逾阴山，西极流沙，东尽辽东，南越海表”，“东、南所至不下汉、唐，而西北则过之”，甚至还包括了今天蒙古全境和俄罗斯西伯利亚地区及泰国、缅甸北部的一些地方，总面积相当于今天中国疆土的两倍以上。元朝建立以后将全国划分为中书省和11个行中书省，以及管辖吐蕃地区的总制院（1288年更名为宣政院）。其中东北地区分别归属辽阳行省和岭北行省管辖。此时，在黑龙江上游流域居住着布里亚特蒙古人（蒙古族的一支），属于岭北省管辖。而在东北地区居住的女真族和辽东的契丹族、汉族则归属辽阳省管辖。后来元朝在黑龙江入海口（今俄罗斯伯力边疆区的庙街附近）设征东元帅府，属于辽阳省的下设机构。

元朝末年，在辽金时期进入华北地区的女真人、契丹人已经全部汉化，只剩下了居住在东北的女真人和契丹人还作为民族存在。契丹首领耶律留哥率领属民居住在辽阳省的辽东地区，但由于辽东汉人的日益增多，辽东契丹人也逐渐汉化。辽朝灭亡后，由辽朝贵族耶律大石带领的一支契丹人迁移到了今天的中亚地区，并建立了西辽王国，但随着时间的推移，西辽的契丹人也逐渐融入当地的突厥民族。此后，契丹作为一个民族在历史上最终消亡。而东北地区的另一支原住民女真人此时居住在辽东北部地区，当地汉族人口较少，所以女真部族一直保持着本民族的特征。该地属于元朝辽阳省开元路（治所在今吉林省农安县）管辖，分属于五个军民万户府（行政区域）。其中的女真酋长阿哈出是富锦万户，猛哥帖木尔是依兰万户，后来这两个万户的居民南迁到绥芬河流域，又继续南迁到浑江流域，成为后来著名的“建州女真”。其原来的居住地则被“野人女真”占据，成为他们的栖息繁衍之地。

（七）明朝时期

元朝末年，蒙古贵族的统治日益残暴黑暗。1368年，早年当过游方和尚，后来参加红巾军起义的朱元璋称帝，以应天府（南京）为京师，国号大明，年

号洪武，建立了明朝。朱元璋就是明太祖。不久他命大将徐达、常遇春等人率大军北伐，攻占大都（北京），元顺帝北逃，元朝在中原地区98年的统治宣告结束。北伐成功后，明太祖朱元璋设置辽东都指挥使司以经营辽东以及整个东北地区，并多次进军黑龙江流域，招抚当地的女真部落。明成祖永乐七年（1409年），明朝征服苦兀（库页岛），在元朝征东元帅府旧址上（今庙街一带）设立努尔干都司，管辖整个黑龙江流域。至此，明朝在东北地区的统治范围达到了黑龙江口与库页岛。

明朝初年，女真族分为建州女真、海西女真、野人女真三大部。后又按地域分为建州、长白、东海、扈伦四大部分。女真一支部族的首领阿哈出率部迁移到今天的吉林省通化市一带，被朱元璋封为建州卫长官。而另一支女真人则在首领猛哥帖木尔（清太祖努尔哈赤的六世祖）的带领下，迁移到今天吉林龙井三合镇对面的朝鲜会宁，被朱棣封为建州左卫长官。后来猛哥帖木尔的弟弟凡察为右卫长官，猛哥帖木尔的小儿子董山为左卫长官，阿哈出的孙子李满住为建州卫长官，这就是史书上常常提到的“建州三卫”。明宪宗成化三年（1467年），董山和李满住在明军平定叛乱的过程中先后被杀。到了万历年间，董山的重孙觉昌安继承了女真建州左卫都督的官职。

（八）满族时期

觉昌安及其子塔克世原是建州右卫都指挥使王杲的部下，万历十一年（1583年），觉昌安与塔克世父子赶赴古埒城试图劝降叛明的姻亲——建州酋长阿台，不料围城明军听信了图伦城主尼堪外兰的奸计，破城后纵兵屠城，觉昌安与塔克世在城内躲避不及，均被误杀。

塔克世的长子努尔哈赤此时年已25岁，闻听噩耗后毅然凭借父祖遗留的十三副铠甲起兵复仇。明廷自知理亏，对复仇行动采取了静观其变的态度，努尔哈赤从而得以在历尽艰辛之后，于万历十四年（1586年）斩杀仇人尼堪外兰，昭雪了父祖的不白之冤。其后数十年间，努尔哈赤率军东征西讨，展开了统一女真的大业。他先后灭掉通化西的完颜部、桓仁南的董鄂部、抚顺东的浑河部、

清源西的哲陈部、吉林抚松的讷殷部和抚松东的朱合里部，统一建州女真。其后，努尔哈赤又将吉林省辉南的辉发部、吉林市的乌拉部、开原的哈达部和昌图北的叶赫部相继消灭，统一了海西女真。

万历三十七年（1609 年），努尔哈赤进攻窝集部，占领兴凯湖东、虎林一带的乌苏里江两岸；1614 年进攻东海窝集部（库尔喀部），占领野猪河到纳德霍卡之间地区；1616 年进攻瓦尔喀部，占领伯力一带的乌苏里江两岸。然后进攻黑龙江下游的使犬部和库页岛乌第河的使鹿部，占领了明朝设立的努尔干都司治所。然而这里的居民主要是赫哲族并非女真民族，所以清朝在占领该地区后对其控制并不严密，这就给了入侵的沙俄侵略者以可乘之机。

努尔哈赤又陆续派遣将领征服了松花江以北的黑龙江呼尔哈部和黑龙江以北的萨哈连部和布列亚河的萨哈尔查部，自此，野人女真全被征服，女真各部的统一大业终于完成。

努尔哈赤第八子清太宗皇太极时，将女真族名改为满洲（即今天的满族），并继续征服了嫩江的蒙古族科尔沁部和外兴安岭大兴安岭一线以西的鄂温克族、达斡尔族、锡伯族和结雅河两岸的鄂伦春族，基本完成了统一东北各民族的大业。

统一女真各部后，皇太极在宁古塔（今黑龙江省宁安市）设立行政机构管辖整个黑龙江流域，从而取代了明朝的努尔干都司对黑龙江流域的统治。但贝加尔湖以东的布里亚特蒙古族（尼布楚地区）却未归顺清朝，这也是清朝的宁古塔副都统辖区在幅员上不及明朝努尔干都司的原因，同时也为康熙年间《尼布楚条约》中出让这一地区埋下了伏笔。

二、双头鹰俄罗斯的崛起

9世纪，在建立以基辅为中心的古罗斯国家过程中，俄罗斯人的祖先古罗斯部族（东斯拉夫人）逐步形成，其族名也成为此后的该民族国家名称。以政治中心的迁移和历史进程的演变为依据，我们可以大致将俄罗斯的历史划分为六个时期：基辅罗斯时期（862—1240年）；蒙古人（鞑靼人）统治时期（1240—1480年）；莫斯科时期/沙皇俄国时期（1480—1703年）；彼得堡时期/俄罗斯帝国（1703—1917年）；苏维埃时期（1917—1991年）以及新俄罗斯（1991年以后）。

（一）**基辅罗斯时期**（862—1240年）

现代史学家一般认为俄罗斯的历史应追溯至莫斯科大公国的建立。其实在俄罗斯境内，自远古就有人类居住。6世纪，东斯拉夫人逐渐向俄罗斯的欧洲部分地区迁徙。862年，以留里克为首的瓦朗几亚人征服东斯拉夫人，占领并统治了诺夫哥罗德地区，建立“留里克王朝”。882年，留里克的亲属、诺夫哥罗德公国的奥列格大公征服基辅公国和其他一些部落，逐步以基辅为中心建立起一个国家（史称“基辅罗斯”），并取得“基辅大公”的称号。其后伊戈尔、奥丽加（伊戈尔之妻）等君主先后统治该地区。政权性质也逐步从君主专制统治向贵族采邑制统治过渡。13世纪初，基辅罗斯开始衰落，各地诸侯分立割据。

（二）**蒙古人（鞑靼人）统治时期**（1240—1480年）

1237年，由成吉思汗长子术赤建立的金帐汗国入侵罗斯地区，攻占梁赞，1240年攻占基辅，确立了蒙古贵族的统治。罗斯地区陷入以金帐汗国为宗主的

诸侯割据与混战状态。以莫斯科为中心的莫斯科公国在这场弱肉强食的争夺中逐步占据先机，强势崛起。莫斯科大公伊凡·卡利达（1325—1340 年）在位时取得了“弗拉基米尔及全罗斯大公”的称号，史称“伊凡一世”。1380 年，德米特里大公（1359—1389 年）率军在顿河平原击败蒙古军，被尊称为“德米特里·顿斯科伊”（意思是“顿河的德米特里”）。

（三）莫斯科时期／沙皇俄国（1480—1703 年）

这一时期的伊凡三世（1462—1505 年）是俄罗斯民族形成过程中的一位杰出君王。1472 年，伊凡三世娶东罗马末代皇帝君士坦丁十一世的侄女索非亚·巴列奥略格为妻，正式采用“双头鹰”为国徽，并开始自称“沙皇”，恢复了君主制。1478 年，伊凡三世吞并诺夫哥罗德共和国。1480 年，他率军迎战蒙古军队，恰逢蒙古军队因严寒不战而退，伊凡三世不战而胜，从此结束了金帐汗国长达二百四十多年的异族统治，形成以莫斯科为中心的独立的俄罗斯国家，并开始逐步建立农奴制度。

其后的伊凡四世（1533—1584 年）则是俄国历史上有名的暴君，绰号“伊凡雷帝”。1547 年，当时还是莫斯科大公的伊凡四世在克里姆林宫戴上了罗马皇帝使用过的王冠，加冕为“沙皇”。他也是俄国历史上的第一位正式加冕的沙皇（在俄语中“沙皇”的意思就是“恺撒”）。他在位期间俄罗斯地区的农奴制度得到确立。

1598 年，伊凡四世的儿子费多尔去世后，留利克王朝绝嗣，统治俄国七百多年的留利克王朝从此覆灭。此后的俄罗斯地区因为皇位继承问题，一度爆发大规模战乱，波兰、瑞典诸国也趁乱入侵，史称“大动乱时期”。

1613 年 1 月，全俄缙绅会议选举伊凡四世的亲戚、16 岁的米哈伊尔·罗曼诺夫（1613—1645 年）为新沙皇，建立了几乎与中国的清王朝相始终的俄罗斯罗曼诺夫王朝。这个王朝经历了 18 个沙皇的统治，末代沙皇尼古拉二世在 1917 年发生的俄国二月革命中被推翻。在该王朝统治时期，农奴制度在法律上得以确立，大量俄罗斯探险者和囚徒越过乌拉尔山脉向东行进，征服西伯利亚，

并进一步到达远东，与中国东北地区接壤。

罗曼诺夫死后，阿历克塞（1645—1676 年）与费多尔（1676—1682 年）先后即位。费多尔死后，他的两个儿子伊凡和彼得虽然同时登基为帝，但皇子伊凡（1682—1696 年）从小体弱多病，而另一个皇子彼得当时又年幼无知，因此国家的实际权力掌握在费多尔的长女安娜公主手中。皇子彼得（即后来的彼得大帝）被放逐到莫斯科郊外的皇庄，形同软禁。但资质聪颖、体格强壮的彼得并未就此消沉，他在童年的战争游戏中训练出了两个精锐兵团，这成为日后重新崛起的最大砝码。逐渐成长的彼得对安娜公主的摄政地位形成了巨大的威胁，所以安娜派遣射击军（皇家近卫军）前往皇庄试图杀掉彼得，但彼得奇迹般地带领他的游戏军团平定了射击军的叛乱，放逐了安娜，重新夺回了政权，并把首都迁到了彼得堡，从此开启了俄国历史的新篇章。

（四）彼得堡时期／俄罗斯帝国（1703—1917 年）

在这一时期，沙皇俄国由一个欧洲三流的公国一跃成为雄视欧亚大陆的俄罗斯帝国，双头鹰国徽成为新俄罗斯国家政策的象征。

彼得一世（1682—1725 年）掌权后，对内励精图治，加强中央集权制，对外发展与西欧的关系，加强俄国的实力，从而使古老的俄国逐渐摆脱了中世纪封闭落后的状态。彼得一世在 1697 年派遣使团赴西欧考察，自己也化名随团出访，回国后实行了一系列改革，史称“彼得一世改革”。彼得一世的改革在政治、军事、经济、科学文化各方面提高了俄罗斯的实力，使其具备了侵略扩张的实力。1713 年，彼得一世做出了一个对俄罗斯历史产生深远影响的决定，他放弃了有着八百多年历史的俄罗斯古老都城——莫斯科，在从瑞典手中夺来的涅瓦河口，重新建立了一个崭新的首都——圣彼得堡。1721 年，经过多年的苦战，俄罗斯在同瑞典争夺北方出海口的“北方战争”中最终获胜。彼得一世宣布俄罗斯为帝国，同时接受臣下的拥戴，加冕为俄罗斯帝国皇帝，史称“彼得大帝”。到女皇叶卡捷琳娜二世（1729—1796 年）统治时期，俄罗斯帝国两次对外同土耳其作战，三次参加瓜分波兰，把克里木汗国并入俄国，打通了黑海出海口，领土空前膨胀，被称为“帝国的黄金时期”。

三、东西两大帝国的初步碰撞

16 世纪，以莫斯科为中心的统一国家形成以后，俄罗斯的野心逐渐膨胀，开始四处兼并土地，扩充自己的版图。正如恩格斯所说：“莫斯科大公们却只是在长期斗争之后，才终于摆脱了蒙古人的羁绊，开始把大俄罗斯的许多公国联合成一个统一的国家，然而这一成就看来只是助长他们的野心。”

伊凡三世时代（1462—1505 年），俄国的领土只有二百八十多万平方公里，偏居于东欧东北角一隅。但到了 20 世纪初叶，俄国的面积已骤然增加到两千三百多万平方公里。如果按日期精确计算，从 16 世纪开始的四百年间，俄国平均每天占领一百四十多平方公里的土地。这种扩张的速度是十分惊人的，在世界殖民史上，俄国攫取土地之广大，也是十分罕见的。在俄国兼并土地的过程中，吞并西伯利亚显得尤为重要。西伯利亚连接中国东北地区和库页岛，与北美洲也仅有一条窄窄的白令海峡阻隔。从地理位置而言，它是沙皇俄国向美洲和东亚进一步扩张的交通枢纽。从 16 世纪末叶到 17 世纪中叶，哥萨克（突厥语，意思是“自由人”，原指从中亚突厥国家逃到黑海北部从事游牧的人，后泛称 15—17 世纪从俄罗斯农奴制压迫下出逃的农民、家奴和城市贫民，他们受沙皇政府雇佣作战，以英勇善战著称）曾长驱两万公里，将沙皇俄国的殖民势力扩展到太平洋沿岸。俄国用了半个多世纪时间，几乎鲸吞了西伯利亚的全部领土。

早在明末的崇祯五年（1632 年），沙俄已占据了叶尼塞河中下游和上游的部分地区。然后从北方来到勒拿河流域，建立了维柳伊斯克。1638 年，俄国政府下令在勒拿河右岸成立“雅库茨克督军府”，1643 年督军戈洛文下令将城迁到河的左岸，此后雅库茨克成了沙俄进一步向东北亚地区远征的指挥中心。

此后，俄罗斯在远东的扩张分为两个方向，一路向东北：1645 年，俄罗斯军官米哈伊尔·斯塔杜欣抵达科雷马河，并先后建立了上、中、下科雷马斯克三个冬营地。1647 年，俄军又建立了鄂霍次克堡。1711 年，沙俄征服整个堪察加

半岛，然后又向阿拉斯加和阿留申群岛挺进。扩张的另一方向则是向东南，1638年，俄国以雅库茨克为中心，分别从西部和北部两个方向入侵贝加尔湖地区。先后建立了维尔霍连斯克（1642年）、巴尔古津堡（1648年）、伊尔库茨克（1652年）等据点，为进一步南下和东进打下了基础。在占领贝加尔湖地区后，俄军以此为基地，一路南下直逼中国的蒙古地区，一路东进抵达黑龙江上游的石勒喀河，进而入侵我国的黑龙江下游地区。

面对沙皇俄国咄咄逼人的侵略锋芒，刚刚入关的清王朝此时的全部精力都集中在中原逐鹿的战争中。1644年（清顺治元年）清兵入关，李自成农民起义军在山海关外的战斗中失利，被迫放弃北京。清王朝由此开始了统一中国的漫漫征途。八旗主力入关之初，清廷考虑发祥地盛京地区的安全，便以内大臣何洛会为总管，统辖部分八旗官兵驻防盛京（今辽宁省沈阳市），还在兴京（今辽宁省抚顺市）、辽阳、凤凰城等城设立城守尉等官，留兵驻防。顺治三年（1646年），东北地区改由盛京昂邦章京负责管理。顺治十年（1653年），清廷决定将盛京昂邦章京所辖的黑龙江、松花江、乌苏里江流域，包括黑龙江上游的石勒喀河流域和库页岛在内的海中诸岛，划为单独的行政区，设置宁古塔（今黑龙江省宁安市）昂邦章京总管各项事务。康熙元年（1662年），清廷将盛京昂邦章京和宁古塔昂邦章京分别改为“镇守辽东等处地方将军”和“镇守宁古塔等处地方将军”。

“宁古塔”一名来自满语音译，是清代东北军事重镇。据《宁古塔记略》载：相传满洲先祖兄弟六人，曾在此地居住繁衍。满语称“六”为“宁古”，称“个”为“塔”，故名“宁古塔”。该地是清代宁古塔将军的治所和驻地，是清廷统辖黑龙江、吉林地区的军事、政治和经济中心。有新旧两城，相距二十五公里。旧城位于牡丹江左岸支流海浪河南岸，今为黑龙江省海林县旧街镇。康熙五年（1666年）迁建新城于今黑龙江省宁安县城地。其地原为渤海故壤、上京龙泉府故址，距今县城三十五公里（今宁安东京城）。顺治十年（1653年）设昂邦章京（意为都统）镇守，长期为清统治东北边疆地区的重镇。每年六月，派出官员至黑龙江下游普禄乡，收受库页岛（今萨哈林岛）居民贡貂。17世纪中叶，俄国哥萨克侵扰黑龙江流域，清朝多次由此地派兵征讨。

虽然清廷在入关前后初步强化了东北地区的管理行政机构。但早在明崇祯十六年（1643 年），沙俄雅库次克督军就已经派遣波雅尔科夫翻越外兴安岭，进入鄂伦春族居住的精奇里江（今吉雅河），这是第一批侵入我国东北的俄国人。他们在中国境内烧杀抢劫，无恶不作，甚至在这一年冬天吃掉了五十个当地中国居民。波雅科夫匪帮由精奇江里窜至黑龙江，顺流而下，沿途骚扰抢劫，遭到当地中国各族人民的坚决抵抗，被迫于 1646 年从黑龙江口渡过鄂霍次克海逃窜回雅库次克。顺治六年（1649 年），俄国政府派遣哈巴罗夫率领七十名哥萨克，对我国黑龙江流域再次进行武装入侵。1650 年初，哈巴罗夫越过外兴安岭，窜到黑龙江的支流鄂尔河口。顺治八年（1651 年），哈巴罗夫匪帮得到俄国政府的增援后，占据我国达斡尔族领袖阿尔巴西的住地雅克萨。同年六月，这伙匪徒又窜到黑龙江畔的古伊古达儿村，无理地命令村里的达斡尔人归顺沙皇，并向沙皇缴纳赋税。达斡尔人拒绝了他们的要求，结果遭到惨绝人寰的大屠杀。俄国侵略者们“杀死了大人和小孩六百六十一人”，抢走妇女二百四十三人，儿童一百一十八人，合计一千零二十二人，几乎是古伊古达儿村的全部人数。

在这一年的秋天，哥萨克骑兵袭击了瑷珲城(今属俄罗斯国境)，到达黑龙江下游赫哲人居住的乌扎拉村，四处抢劫。赫哲人一面抵抗一面向驻守在宁古塔的清军报警。宁古塔章京海色奉命率领八旗兵包围了乌扎拉村，与俄军展开激战。战斗中双方均伤亡惨重，哈巴罗夫被迫向黑龙江上游撤退。顺治十年（1653 年），哈巴罗夫率残余俄军回到莫斯科。

顺治十一年(1654 年)，野心不死的沙俄又对我国东北地区发动第三次武装入侵。由斯捷潘诺夫带领几百个哥萨克在中国境内骚扰掠夺，无恶不作。此时，沙俄的入侵已经引起清政府对东北边疆形势的强烈关注。早在一年前朝廷就“命镶蓝旗梅勒章京沙尔虎达，为昂邦章京（都统）镇守宁古塔地方”，以抵抗俄国入侵，保卫边疆的安宁。

沙尔虎达（1599—1659 年），瓜尔佳氏，隶属满洲镶蓝旗。其祖先为女真苏完部人，世代居住在虎尔哈（今黑龙江省宁安市）。清太祖努尔哈赤天命初年，沙尔虎达随军进攻瓦尔喀部有功，被授予备御世职。太宗天聪初年，他又

出征大凌河及遵化等地，升任游击世职。崇德初，沙尔虎达一度曾经担任议政大臣的要职，但不久就被撤职。顺治初，他随清军入关进攻李自成农民军，后来又在剿灭叛清将领金声桓的战斗中立有大功，恢复了议政大臣的官职。关内战争基本结束后，沙尔虎达被任命为满洲镶蓝旗固山额真，奉命驻防宁古塔(今黑龙江省宁安市)。

此时，身负重任的沙尔虎达果然不负众望，率领清军严守边疆，几次打退侵略者的进犯并给俄军以致命的打击。顺治十五年（1658 年）七月，斯捷潘诺夫率五百名哥萨克人到松花江上，同时沙尔虎达率领清军在松花江与牡丹江汇流处严阵以待。经过一场激战，清军打死和活捉二百七十余名哥萨克，并击毙了斯捷潘诺夫，有功将士尽皆受赏。顺治十七年，沙尔虎达的儿子宁古塔昂邦章京巴海又在黑龙江下游的古法坛村击败俄国侵略者，至此，入侵黑龙江中下游的俄军残部全部被肃清。

但是，此时的清政府正忙于镇压关内抗清斗争，巩固其在全国的统治。俄军的这一次入侵并没有引起清政府的足够重视，既没有乘胜兴建城堡，也没有派军队屯田戍守，而沙俄却时刻都在梦想着吞并富饶的黑龙江流域。俄国侵略军仍占据着黑龙江上游的尼布楚城。

尼布楚位于今俄罗斯赤塔州境内的涅尔恰河畔。该地在清朝初期属于我国蒙古族的游猎地，后来被沙俄侵占并建立据点，改称“涅尔琴斯克”。1689 年，中俄双方使团在尼布楚城签订条约，同意中国和俄罗斯以额尔古纳河、格尔必齐河为界，并将尼布楚地区划入俄罗斯国版图。清中期以后，尼布楚成为中俄两国边境贸易的中心之一，但西伯利亚铁路落成后，尼布楚的地位被赤塔取代。

康熙四年（1665 年）冬，一伙俄军由尼布楚出发，重新占领了雅克萨城。俄军在尼布楚和雅克萨筑寨堡、修工事，建立殖民据点，并以此为根据地，不断向黑龙江中下游扩张、侵扰。尽管清政府不断交涉，多次警告、抗议，但仍无济于事，侵略者更加变本加厉，到处烧杀抢掠。东北边疆出现了更严重的危机。康熙帝终于决定，以武力驱逐沙俄侵略者。

四、雅克萨之战的军事部署

“雅克萨”是女真语的音译，意思是“涮塌了的江湾子”，俄罗斯人称之为“阿尔巴津镇”。它位于黑龙江上游左岸，在今天我国黑龙江省漠河市境内的额木尔河口对岸，地扼水陆要冲，形势险要、易守难攻，是我国东北历史上著名的边疆古城之一。雅克萨原为达斡尔族敖拉氏的住地。清顺治七年（1650 年），以哈巴罗夫为首的沙俄侵略军强占雅克萨，修筑城堡，世代居住在雅克萨一带的达斡尔族人被驱赶到嫩江流域。

由于雅克萨、尼布楚等地在内的东北地区是清王朝的龙兴之地，也是其在关内一旦难以立足时的最后容身之地，所以清廷绝不允许自己的战略大后方出现任何的不稳定状况。因此，驱逐侵略者、收复失地就成了政权初步巩固后，清朝统治者的强烈愿望。康熙帝更是明言：“朕亲政之后，即留意于此，细访其土地形胜、道路远近及人物性情。”康熙十年（1671 年）九月，年方 18 岁的康熙帝，在首次东巡拜谒祖陵时，就指示宁古塔将军巴海：“罗刹虽云投诚，尤当加意防御，操练士马，整备器械毋坠狡计。”可见康熙帝早已密切关注着东北的边防。但是，随后，清政府陷入了长达八年的平定三藩之乱的战争中，没有足够力量解决东北边疆危机，直到康熙二十年（1681 年）平定三藩叛乱之后，清廷才将注意力集中到东北。

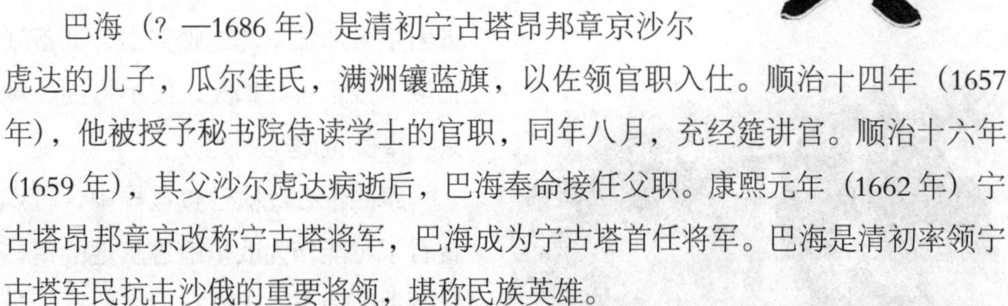

巴海（？—1686 年）是清初宁古塔昂邦章京沙尔虎达的儿子，瓜尔佳氏，满洲镶蓝旗，以佐领官职入仕。顺治十四年（1657 年），他被授予秘书院侍读学士的官职，同年八月，充经筵讲官。顺治十六年（1659 年），其父沙尔虎达病逝后，巴海奉命接任父职。康熙元年（1662 年）宁古塔昂邦章京改称宁古塔将军，巴海成为宁古塔首任将军。巴海是清初率领宁古塔军民抗击沙俄的重要将领，堪称民族英雄。

康熙二十一年（1682 年），康熙帝再次去盛京告祭祖陵，并巡视吉林乌喇

（今吉林市）等地。康熙帝于二十一年（1682年）二月十一日特谕宁古塔将军巴海："今以云南等处底定，躬诣盛京告祭三陵，意欲于扈从人等喂养马匹之暇，观看乌喇地方。"二月十五日，他率文武大臣扈从人等从北京出发，三月初四日，到达盛京。至三月十一日，告祭福陵、昭陵、永陵大典分别举行完毕。第二天，从兴京（辽宁省新宾满族自治县）出发，经哈达城（辽宁省西丰县），出柳条边，巡行乌喇地方。他在写给祖母孝庄太皇太后的信中说："兹因大典已毕，敬想祖宗开疆非易，臣至此甚难，故欲躬率诸王、贝勒、大臣、蒙古等，周行边疆，亲加抚绥，兼以畋猎讲武。"将军巴海至中途阿尔滩诺门地方迎接，一路行围射猎，于三月二十五日到达吉林乌喇地方，在松花江岸，康熙率皇子及扈从诸王、所有文武官员向东南，望祭长白山——传说中的满族兴起之地，行三跪九叩头大礼。在吉林小憩两日，于二十七日泛舟松花江上，驶往大乌喇（今吉林市乌喇街）。清澈的松花江水波光粼粼，两岸山川秀丽，江上水师船队浩浩荡荡。康熙张目四望，触景生情，挥笔作《松花江放船歌》：

松花江，江水清，夜来雨过春涛生，浪花叠锦绣縠明。

采帆画鹢随风轻，箫韶小奏中流鸣，苍岩翠壁两岸横。

浮云耀日何晶晶？乘流直下蛟龙惊，连樯接舰屯江城。

貔貅健甲皆锐精，旌旄映水翻朱缨，我来问俗非观兵。

松花江，江水清，浩浩瀚瀚冲波行，云霞万里开澄泓。

康熙帝在诗中用"我来问俗非观兵"表述此行的目的，更是包含了深刻的寓意，抒发了他将要统率八旗劲旅乘流直下，驱逐沙俄侵略军的豪情壮志。实际上，康熙帝此行的目的绝非"问俗"，而恰恰就是"观兵"——借祭祖的机会巡视东北边防，亲自勘查地理状况，为即将到来的反击沙俄侵略的战斗做好准备。此时，南方的三藩之乱已经平定，为消除北方外患创造了有利条件。康熙腾出手来加强东北边疆实力，准备战胜俄国侵略者。如此，便不可能不观兵，事实也确是如此。

康熙帝在此次巡查过程中，重点查看了可能作为战争前进基地的吉林乌喇地区情况。吉林，旧名船厂，自明初即为我国重要造船基地之一。清

初以来，出于抗俄斗争需要，造船之外更兼以训练水师。顺治十八年（1661年），清廷在此始设吉林水师营，“以迁移人充水手”。康熙十三年（1674年），水师营总管移至黑龙江，吉林仍保留一部分水师，派官管理，训练水军，制造船只。十五年（1676年）春，康熙帝以吉林水陆要冲的战略地位，决定将宁古塔将军移驻于此，进一步充实水陆官兵。史书上说：“建木为城，倚江而居。所统新旧满洲兵二千，并徙直隶各省流人数千户居此。修造战舰四十余艘，双帆楼橹与京口战船相类。又有江船数十，亦具帆墙。日习水战，以备老羌（沙俄）。”此外，清廷又在吉林乌喇西北七十里的大乌喇，亦称打牲乌喇，设有打牲乌喇总管衙门，隶内务府，为皇帝采捕东珠、蜂蜜、松子和鲟鳇鱼，其下有“额设捕珠大船七只，向由吉林水师营备领，威呼（满语，独木船）三百九十九只，内协领衙门四十只”。这样，吉林乌喇及大乌喇两城及其间沿松花江的七十里水域，便成为修造船舰、训练水兵的重要战备基地。皇帝亲临此地，岂有不观兵之理。将军巴海将所有大小数百船只和精锐官兵全部集中，排列阵式，供皇帝检阅，所以才出现“乘流直下蛟龙惊”“旌旆映水翻朱缨”的雄伟壮观场面。康熙在吉林的十二天活动，达到了观兵讲武以备战抗俄的目的。那么，他为何又在歌中说“我来问俗非观兵”呢？这不仅反映了皇帝以诗歌形式抒发情怀的高超笔法，暗示他并不喜欢穷兵黩武；而且，也如实地表达了他的根本施政方针——问俗与观兵二者必须统一。抗击外国侵略者固然依靠军事，但必须“重民生”。只有关心军民疾苦，缓和内部矛盾，军民上下戮力同心，才能壮大军事，抗击外敌。为了更好“观兵”而“问俗”，是他此行活动的重点，故此次东行，他曾广为“问俗”：赦免罪犯，蠲免钱粮。在盛京谒祭福陵、昭陵礼竣，谕户部、刑部：“山海关以外，及宁古塔等处地方，官吏军民人等，除十恶等真正死罪不赦外，其余已结未结一切死罪，俱著减等发落。军流徒杖等犯，悉准赦免。奉天、锦州二府，康熙二十一年地丁正项钱粮，著通行蠲豁，其官役垫补包赔等项应追银两，察果家产尽绝，亦并豁免。”康熙东巡至乌喇地方，见“风气严寒”，考虑到由内地发遣来的人犯水土不服，

深为不忍，因而谕令刑部：“以后免死减等人犯，俱著发往尚阳堡（辽宁开原东安）安插。其应发尚阳堡人犯改发辽阳安插。”在反叛案内应发乌喇地方人犯，“只令其当差”，不必给人为奴。

严禁诬拿无辜之人。松花江上泛舟之后，兵部议复巡查采参官兵给赏定例，同意“视缉获多寡，分别议叙”。康熙则认为“甚为允当”，但“恐非系采参之人，妄有拘执，夺其资财，俾孑身采捕他物者，无故罹害”。于是，令补议条款：“巡踪章京兵丁，诬拿无辜之人，将章京革职，兵丁枷号两个月，鞭一百。”若趁机夺取财物者，章京不仅被革职，而且要交与刑部议罪，兵丁再多枷号一个月。从而保证了那些经过批准发给信票的打牲、采集等正常生产活动不受干扰。

改革官员补授办法。同年五月初四日，康熙结束为期七十九天的东巡。之后，仍继续解决在东北发现的种种问题。从前盛京看守陵寝及山海关等处城守章京员缺，俱令其子弟顶补，后停止此例，改由京师补授。这次东巡发现，章京员缺尽从京师补授办法颇有欠缺，不仅新官阖家北迁，路途遥远，往返艰难，视为畏途；其前任章京所遗孤孀将房屋田地交给所补之员，生活无依，困苦日甚。因此，康熙于五月初十谕户、兵、工三部：“嗣后盛京看守陵寝及山海关等处城守章京员缺，不必要自京补授，著于伊等子弟内，令该将军选择贤能者，具题引见顶补，以免其往返迁移之苦。倘伊等子弟无人堪用，别有补授发往之员，可另拨田庐给与，其前任章京田房仍行留给，不必掣出，令其孤孀得所。”不久，适值从北京所补的奉天副都统查库拒不赴任，康熙给查库以革职处分，提升刚从参领提为昭陵总管的佟宝为奉天副都统。后来又提升佟宝为护军统领、黑龙江将军等高级职务。官员补授办法的改革，出于康熙对官员及其家属的关心，有助于培养选拔东北地方官员；田庐产业的得以保留，使国有旗地逐渐向私产演变，鼓励驻防东北的八旗官兵世代安居，建设东北。

革除兵丁部分差徭。康熙至吉林地方访询军民疾苦，见兵丁役重差繁，劳苦至极。回京之日，已降特旨纠正。五月十九日，再谕宁古塔将军巴海、副都统萨布素、瓦礼祜等，具体规定如下：1.停止最妨农事、徒劳人力之寻捕鹰鹞窝雏之役；2.八月放鹰、寒冬寻觅山鸡，人马劳顿，亦行停止；3.围猎讲武不可无时，并且必须关心贫人，分给其猎获物，不可时加责罚，不得被狂兽误伤；4.停止打鲟鳇等鱼差役。康熙还特别告诫将军以下各级官员，体恤兵丁，时加怜悯，鼓励农业生产。他说："吉林乌喇田地米粮甚为紧要，农事有误，关系非细，宜劝勉之，使勤耕种。"

在广为整顿东北军政事务的同时，康熙通过与俄国的长期交往，深感没有强大的武装，不建立巩固的边防，不经过激烈的战争，是不可能让俄国轻易地放弃侵略、撤出中国领土的。同时，他也清醒地认识到：中俄两国都是实力雄厚的大国，不可能用军事力量彼此压服。在初期的军事斗争后，必将通过和平谈判，划定两国的边界线，才能最终解决疆界问题，保持长期的和平。因此，康熙帝在东北地区巡视考察后，从实际出发制订了军事斗争、外交谈判和充实边防三者并举的战略方针，并在这一大政方针的指导下制订了周密的计划，进行了细致的准备工作。

（一）建立军事基地，驻兵屯田

清初，黑龙江沿岸没有清军驻防，距离黑龙江地区最近的驻防城宁古塔也在千里之外。康熙帝为避免与俄军"我进则彼退，我退则彼进，用兵无已，边民不安"的历史重演，为达到东北边疆长治久安的目的，在经过慎重考虑后，最终决定，"于黑龙江（即瑷珲）、呼马尔二处，建立木城，与之（俄军）对垒，相机举行"。随后，命令宁古塔副都统萨布素等领兵前往黑龙江筑城屯田，防备沙俄的劫掠。萨布素（1629—1701年），富察氏，满洲镶黄旗人。他出身寒微，人到壮年才挑补披甲，后任笔帖式（书记官）。顺治九年（1652年），担任宁古塔总笔帖式。康熙元年（1662年），又改任骁骑校一职。康熙十七年（1678年）八月，萨布素接替升任奉天将军的安珠瑚，任宁古塔副都统。康熙二十年（1681年），清廷平定"三藩之乱"后，解除了后顾之忧，遂把精力转

向东北防务。康熙二十一年，康熙帝决定出师北上，全面反击沙俄侵略。康熙二十二年（1683 年）十月，清廷正式设黑龙江将军，萨布素被任命为第一任将军。黑龙江将军的设置，标志着东北三将军分辖体制的正式形成，对抗击沙俄侵略、开发和建设东北边疆都具有深远的意义。

萨布素临危受命之后，立即着手在黑龙江东岸建立瑷珲城（我国清代黑龙江将军辖区的军事重镇之一，在今黑龙江省黑河市爱辉区南三十五公里。也称作“艾浒、艾虎、艾呼、艾浑、爱珲”，皆为一些少数民族语的不同汉语译音。汉语称“黑龙江城”，满语称“萨哈连乌拉霍通”。1858 年后始出现“瑷珲”字样），并以此作为将军驻地和前线清军大本营。康熙二十三年，萨布素又于黑龙江西岸新瑷珲地方另筑一城，移将军衙门于此，江东旧城留兵驻守。瑷珲城和黑龙江城夹江而立，形如双钳，宣告清军已经在黑龙江上布置好营垒。

康熙二十二年（1683 年）夏天，第一批乌喇、宁古塔官兵 1500 人到达瑷珲。康熙二十三年，又有乌喇、宁古塔及增派的达斡尔官兵 1000 人携带家属到黑龙江屯田驻守。康熙二十四年，清廷派遣盛京的八旗官兵前往黑龙江开垦耕地 1500 余垧，并教导素来以渔猎为生、不习农事的达斡尔、索伦人以耕作之法，使得他们“课耕有法，禾稼大收”。至此，清廷在黑龙江的军事基地已经建立，为进一步的军事进攻做好了准备。

（二）解决战争过程中的后勤供应问题

兵马未动，粮草先行，自古以来，莫不如此。保证充足的粮食供应，对清军能否在雅克萨之战中获胜尤其重要。

清朝以前，东北地区南部的辽河流域，始终是粮食生产基地。清初，经过顺治一朝和康熙初年的大力招民开垦，当地的粮食生产已经恢复到明代的水平，完全能够满足反击沙俄的军事需要。然而，如何把粮食运到黑龙江流域的八旗驻地，这是清军面临的首要的问题。从陆路运输行程数千里之遥，成本太高，只有依靠水路运输才能满足大军的作战需要。于是清廷决定从辽河将粮食运至

松花江再经松花江运至黑龙江，然后从黑龙江逆流而上至瑷珲城和黑龙江城储存。为此，设立储备粮仓四处，“内地设于巨流河之开城（今辽宁省开原市），边外设于邓子村（吉林省郑家屯），乌喇设于易屯门（今吉林省伊通满族自治县）及易屯口。农隙之时，运米贮于开城仓内，以春秋二季舟运至邓子村交卸。自邓子村至易屯门，百里无水路，车运至易屯门仓内，由易屯河（伊通河）舟运出易屯口竟达混同江”。运送粮食的船只和水手，全部由东北三将军自己解决。为运送粮食，清廷总计建造运粮船只二百八十艘，动员水手两千七百人，他们从康熙二十二年起，连续向黑龙江前线运送粮食。

（三）修造战船，解决水路运输和战争的需要

以往清军向黑龙江前线运输粮食的船只，只有大船八十艘。然而这些大船主要是运载粮食和重武器，逆水行驶时，还需要纤夫在两岸拉纤而行，根本不能用来配合陆上部队作战。有鉴于此，议政大臣郎坦在“平罗刹之策”中向康熙帝建议再造小船五十六艘，专门用于战场上使用。康熙帝很重视这个建议，命令户部尚书伊桑阿，带领良匠，前往宁古塔修造战船，“前投诚入旗的林兴珠等系福建人，今着彼前往演习，庶有裨益”。

林兴珠（1628—？年），原名进周，字而梁，民间尊称他为“林侯”，永春县升平里（今福建省永春县蓬壶镇汤城村）人。清顺治六年（1649年），与叔父林日胜追随郑成功举抗清义旗，聚众数千，据永春帽顶、马跳诸寨，牵制清军。林兴珠在郑成功帐下时见识过藤牌兵的威力，熟悉其使用技巧。顺治十三年（1656年），清军攻破帽顶寨，林日胜与林兴珠降清。随后林兴珠在“三藩之乱”中反击吴三桂叛军有功，康熙十七年（1678年），康熙帝召林兴珠入京，授銮仪卫銮仪使，赐封建义侯，属籍镶黄旗。雅克萨之战中，林兴珠曾两次奉命率福建藤牌兵前往反击沙俄侵略者，战功卓著。

（四）设置驿站，便于传递军情，加强与中央政权的联系

黑龙江将军萨布素修筑瑷珲和黑龙江两城之后，如何保障宁古塔将军与黑

龙江将军之间的通讯联络，就成为当务之急。为此清政府决定：自黑龙江城至吉林乌喇城(今吉林市)，沿途设置十个驿站，每站驿夫二十人，遇有紧急情况，乘蒙古马疾驰报告，寻常事宜则循十驿而行。康熙二十三年（1684 年）二月，户部郎中包奇、兵部郎中能特和理藩院郎中额尔塞，奉命前往吉林乌喇设置驿站。他们出发前，康熙帝亲自接见并且强调说：“此乃创立驿站之地，关系紧要，尔等会同彼处将军、副都统，询明熟识地方之人，详加确议安设。”包奇等人赴东北后，经过仔细丈量，从吉林乌喇城至黑龙江城有一千三百四十里，由于路途遥远，原来计划的十个驿站改为十九个。

（五）调兵遣将，部署全局

康熙二十三年（1684 年）九月，康熙帝考虑进攻雅克萨关系重大，下令八旗都统瓦山等人前往黑龙江，会同萨布素议定清军攻取雅克萨的计划，同时着手征调部队以加强前线清军的力量。如选派善于水战的福建藤牌兵五百人，前往东北前线助战；命直隶、山东、山西、河南巡抚，每省派熟悉火器兵二百五十人，并选贤能官员各四人，预备火器送京师以备协攻雅克萨城；调杜尔伯特、扎萨特蒙古兵五百人维护自墨尔根至雅克萨之间的驿站交通；副都统马喇等人所饲养的大批军马事先预备于嫩江岸边的齐齐哈尔，以保证战场上清军有充足的马匹使用；蒙古科尔沁十旗应于康熙二十四年进贡的牛、羊诸物，也被下令不必送到北京，全部改送黑龙江前线。

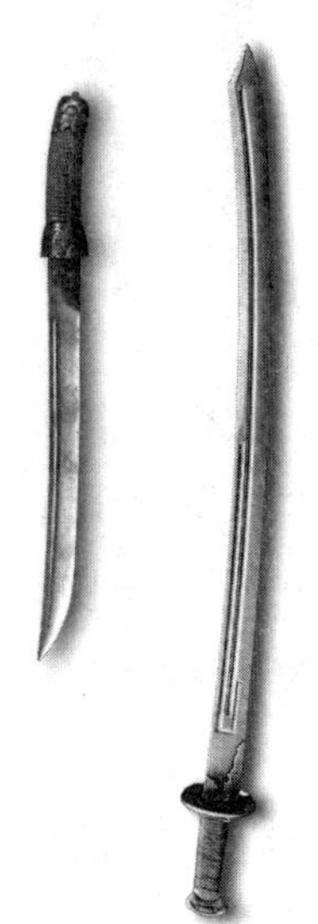

为加强前线清军的领导，清廷遣派八旗都统彭春赴黑龙江任清军主帅，派副都统班达尔善、护军统领佟宝等参赞军务。

彭春（？—1699 年），也作朋春，董鄂氏，清朝将领，满洲正红旗人。顺治时袭一等公爵。康熙时先后担任太子太保、副都统、都统等职。曾与郎坦率兵视察被沙俄侵占的我国雅克萨一带形势。康熙二十四年（1685 年），彭春作为全军统帅与郎坦一同率何佑、林兴珠等将领统兵围攻雅克萨，获胜而还。

(六) 肃清黑龙江中下游的俄军，稳定战略后方

清军进驻黑龙江之时，沙俄侵略军派格里高里·梅尔尼克指挥六十七名哥萨克乘船六艘，增援在恒滚河(今俄罗斯阿姆贡河)上的哥萨克匪帮。清军派索伦总管博定率军将其包围，收降、俘获了三十一人，逃匪被达斡尔族击毙十五人。清军由精奇里江上溯，平毁了多隆斯克和塞林宾斯克。各族人民也配合清军作战。康熙二十二年十一月，萨布素奏报：牛满河奇勒尔族奚鲁噶奴等杀罗刹(明、清时，称俄罗斯为“罗斯”或“罗刹国”)十余人；鄂伦春之朱尔铿格等于精奇里江杀罗刹五人；费牙喀人也击杀罗刹甚多。

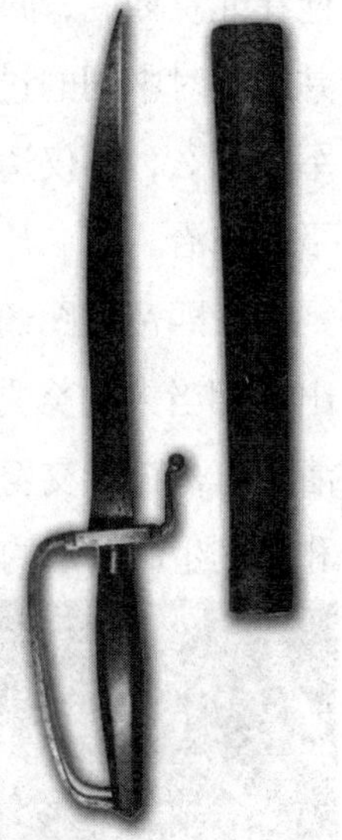

康熙二十三年正月，清军将领鄂罗舜向黑龙江下游进击，招降俄军二十一人，获鸟枪二十杆并解救鄂伦春人质三人，光复了图古尔斯克和乌第斯克，残余的沙俄匪徒顺黑龙江入海，狼狈逃回老巢雅库次克。至此，在当地人民的配合下，清军拔掉了黑龙江中下游的许多侵略据点，从而得以集中兵力，攻打雅克萨城。

清政府在武装反击沙俄入侵的同时，也进行了一系列的外交努力，希望避免中俄两国战争，用和平谈判的方式解决沙俄侵略中国领土的问题。

早在康熙九年（1670 年）春，宁古塔将军巴海就奉命派员前往尼布楚投递文书，对沙俄侵略我国黑龙江流域提出质问，要求遣返逃犯根特木儿，并提议俄方派人来北京商谈具体问题，以期改善两国关系。但俄方却认为中国的克制行动是软弱可欺，并进一步提出一系列无理要求，最终导致北京的谈判未能取得任何结果，两国关系进一步恶化。康熙十五年（1676 年），俄国政府派尼果赖·加甫里洛维奇·米列思库以大使名义率使团出使北京。尼果赖出身于摩尔达维亚的贵族家庭，曾长期在摩尔达维亚的宫廷供职，后来他图谋篡夺君权未遂，按叛逆犯治罪，割去鼻孔间的软骨，并被驱逐出境。1671 年，尼果赖经东正教会介绍前往莫斯科，在俄国外交事务衙门任议员，由于擅长搞阴谋权术，受到上司赏识，很快便在沙俄外交界显露头角。五月初五，尼果赖到达北京呈递国书之后，五月十五日和六月十一日，

康熙帝先后在太和殿和保和殿两次接见俄国使团，以茶酒款待，希望与使团谈判解决中俄边界的争端。清廷提出："嗣后勿于边界地方侵扰，若能如此，两国方能修好，派使交易。"尼果赖却装做不知晓俄军入侵中国的情况，拒绝谈判边界问题，并无理要求清政府每年运送白银、丝绸、宝物到俄国。沙皇政府派使团到中国，并非和中国谋求和平，真正的目的在于为进一步侵略获取情报。当时中国发生了三藩之乱，清政府正全力与叛军作战，东北边防空虚。康熙十五年（1676年）七月二十四日，尼果赖使团离京回国。当时，俄国使团的外交活动是其军事侵略活动的一种辅助手段，是与在黑龙江流域的武力扩张紧密配合的。尼果赖到达北京的这一年，沙俄开始在东西伯利亚推行积极的扩张政策。他在北京期间，暗中勾结外国耶稣会传教士，窃取大量情报，回国后极力鼓吹并策划对中国的进一步侵略。尼果赖向沙皇汇报："现在有两千名陛下的正规军，那么，不仅达斡里亚地区，而且中国长城以外的所有土地都可能臣服于陛下的统治。"

康熙帝试图通过外交途径索要根特木儿，制止俄军进犯，交涉十余载，作出了相当大的努力，但这些不懈的努力既没有、也不可能使侵略者回心转意。清政府是在外交努力未果，和平谈判落空的情况下为保卫国家领土主权的完整和人民生命财产的安全，才决定以武力驱逐沙俄侵略者。

清政府在积极备战的同时，仍没有放弃和平解决争端的努力。康熙二十二年（1683年）九月，康熙帝谕令清朝理藩院尚书阿穆瑚琅，再次行文俄国外交机构，希望俄军撤离中国领土，免兴干戈，文中说："若改前过，将根特木尔等逃人送来，急回本地，则两相无事，于彼为益不浅。倘犹执迷不悟，留我边疆彼时必致天讨，难免诛罚。"但俄国方面对清政府的严正警告置之不理，反而加紧对雅克萨的军事增援，招募哥萨克，贮存粮食物资，修筑工事，加固城防，准备与清朝进行武力对抗，一场战争已不可避免。

五、第一次雅克萨攻城战

康熙二十四年（1685 年）正月，康熙帝下达以武力收复雅克萨的命令。他指出："兵非善事，不得已而用之。向者罗刹无故犯边，收我逋逃，后渐越界而来，扰害索伦、赫哲、飞牙喀、奇勒尔诸地，不遑宁边；剽劫人口，抢掳村庄，攘夺貂皮，肆恶多端。是以屡遣人宣谕，复移文来使，罗刹竟不报命，反深入赫哲、飞牙喀一带，扰害益甚。爰发兵黑龙江，扼其往来之路，罗刹又窃据如故，不送还逋逃，应即剪灭。"

在清军向雅克萨进发之前，清政府再一次做了外交努力，三月十七日，康熙帝致信沙皇，要求俄军撤出雅克萨，以雅库等某地为界，和睦相处，否则出兵征讨雅克萨。俄方仍不予答复。于是，康熙帝任命都统彭春为统帅，副都统班达尔善、护军统领佟宝、副都统马喇、銮仪使林兴珠参赞军务，率领清军三千人向沙俄军队盘踞的雅克萨城进发。

清军出发前，康熙帝向彭春等传谕："朕以仁治天下，素不嗜杀，尔其严谕将士，毋违朕旨，以我兵马精强，器械坚利，俄罗斯势不能敌，必献地归诚，尔时勿杀一人，俾还故土宣朕柔远至意。"这道谕旨，指导了清军正确执行对敌斗争政策，也为与沙俄谈判敞开了大门。

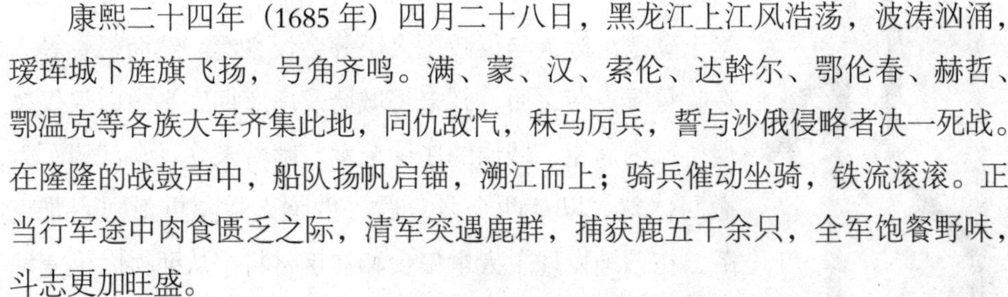

康熙二十四年（1685 年）四月二十八日，黑龙江上江风浩荡，波涛汹涌，瑷珲城下旌旗飞扬，号角齐鸣。满、蒙、汉、索伦、达斡尔、鄂伦春、赫哲、鄂温克等各族大军齐集此地，同仇敌忾，秣马厉兵，誓与沙俄侵略者决一死战。在隆隆的战鼓声中，船队扬帆启锚，溯江而上；骑兵催动坐骑，铁流滚滚。正当行军途中肉食匮乏之际，清军突遇鹿群，捕获鹿五千余只，全军饱餐野味，斗志更加旺盛。

五月二十二日，清军抵达雅克萨城郊。本着先礼后兵的原则，彭春派俄军俘虏把用满文、俄文、拉丁文书写的文书送入雅克萨城内，向俄军发出最后通牒，要求俄军撤出雅克萨，返归俄国。但是，俄军头目托尔布津自恃巢穴坚固，

拥有士兵四百五十人，炮三门，鸟枪三百支，拒不投降，要以武力抗拒。清军于五月二十三日分水陆两路列营攻击。陆师布于城南，集战船于城东南，列炮于城北。二十四日，清军截击了一队沙俄援军，击毙三十余人。二十五日黎明，清军向雅克萨城发起总攻。

清军采取在四面合围的同时采取攻击战术。主帅彭春、班达尔善等率八旗兵攻击城南，何佑等将领把战船集中到雅克萨城的东南，又将红衣大炮安置在城北制高点，使火力范围几乎覆盖全城。副都统温代等将驻守城西，全军四面同时进攻，俄军腹背受敌难以支撑。经过一昼夜激战，守城俄军遭到沉痛打击，清军又在城下三面堆起木柴，声称要火攻。俄军雅克萨督军托尔布津在内无粮饷、外无援兵的情况下，走投无路，被迫遣使乞降，要求在保留武装的条件下撤离雅克萨。清军经过慎重考虑，同意了残余俄军的投降请求。在受降仪式上，托尔布津发誓绝不再来。清军统帅彭春按照康熙帝出发前的旨意，释放了全部俄军战俘，允许他们带走武器和财产，并将七百余俄国人送至额尔古纳河口，遣返回国。另有四十五名俄军连同家属愿意留在中国，清军遵照康熙帝的旨令，将他们安插在盛京。清军从雅克萨城中解救出被掳索伦、达斡尔等族人一百六十余名。至此，清军取得第一次雅克萨之战的全胜。康熙帝接到前线捷报，高兴地对大臣们说："破四十年盘踞之俄罗斯于数日之间，获雅克萨之城，克奏厥绩。"清军获胜后，康熙帝要求清军加强黑龙江地区防御。他在六月十四日的谕旨中告诫前线将领："至雅克萨城，虽已攻克，防御决不可疏，应于何处永驻官兵弹压，此时即当定议。"随后又下旨，让大学士勒德洪等人与议政王大臣等会议具奏。然而彭春等人在收复雅克萨之后，并未将城墙及房屋彻底平毁，仅仅焚烧了城内房屋，城周的庄稼未割，哨所未立，全部清军就撤回休整，以至两个月之后，俄国人乘隙重新回到雅克萨，在该地发现了大量粮食和建筑材料，从而得以迅速地重建雅克萨城。

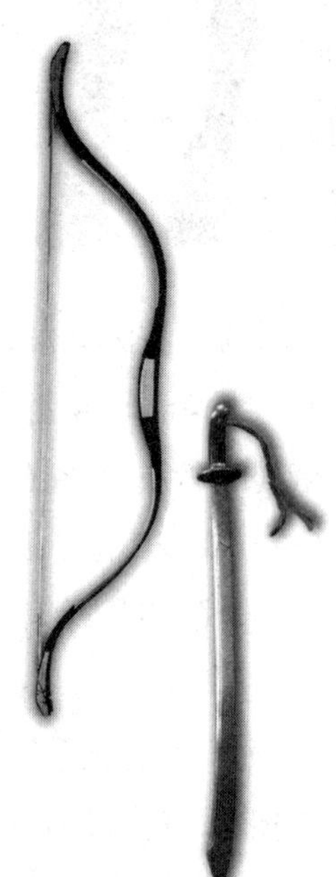

六、第二次雅克萨攻城战

第一次雅克萨之战失败后，托尔布津率残军从雅克萨撤回尼布楚，但其侵略的野心不死，仍时刻准备卷土重来。这时，由拜顿率领的六百名沙俄援军赶到尼布楚。在得到国内增援，并侦知清军全部撤离雅克萨后，托尔布津决定背弃誓言，率领俄军在七八月间分批重返雅克萨，并全力构筑城堡工事，做了长期固守的准备，此时距俄军的战败投降才不过两月有余。

康熙二十五年（1686年）二月，康熙帝得知俄军重新占领雅克萨城，感到事态严重，认为："今罗刹复回雅克萨，筑城盘踞，若不速行扑剿，势必积粮坚守，图之不易。"康熙帝立即调兵遣将，部署第二次雅克萨之役。他命令黑龙江将军萨布素加紧整修战船，并统领乌喇、宁古塔官兵，驰赴瑷珲（黑龙江城），率所部两千人攻取雅克萨城。又再次挑选福建藤牌兵四百人，由建义侯林兴珠率领前往萨布素军前效命。命从副都统博定率领的筑城、屯田官兵中挑选二百人，驻扎在墨尔根（故址在今黑龙江省嫩江）以备增援。免除索伦、达斡尔等部落当年贡赋，命令他们饲养马匹、整修器械，以备调用。由于郎坦、班达尔善两人参加了第一次雅克萨攻城战，熟悉当地地形，因此康熙帝命二人赶赴黑龙江军前，参赞军务。鉴于这次俄军去而复至，康熙帝特别指示："若得雅克萨城，即往尼布楚。事毕，还兵驻于雅克萨过冬，勿毁其城，亦勿损其田禾，俟（等）禾熟收为我饷。"

五月上旬，萨布素率领两千清军从瑷珲出发，月底逼近雅克萨。清军致信俄方，令其投降，俄军置之不理。此时，雅克萨城内有俄军八百二十六人，装备十二门大炮。残余俄军依托雅克萨残城旧址构筑工事。其城里外为木,中实以土，墙宽一丈五尺、高一丈，外涂以泥。俄军凭借城防坚固，火器充足，退进要塞内部，挖洞穴居，冒死频繁出击，致清军不能逼近城垣。六月一日，清军水师占据黑龙江上游，做好了阻击尼布楚俄方援军的准备。四日夜双方发生炮战，清军通宵攻城，未能攻克。八日夜，清军攻取城南土阜，占领了制高点。

九日夜，清军以红衣大炮的炮火作为掩护，逼近城下筑垒。十日、十二日，俄军乘大雾进攻土阜，试图夺回制高点，但均被清军击退。久攻不下之际，清军将领集会商议，认为“若不断其水道，则持久难为力”。于是各路清军约定同时发动进攻，奋勇直逼雅克萨城下，掘长堑，筑土垒，准备长期围困。俄军对此深感恐慌，拼死反扑，双方激战四昼夜。在激战中“雅克萨督军”托尔布津被击毙，拜顿代其指挥。这时，清军已掘完长堑，筑成土垒，对俄军形成了瓮中捉鳖之势。七月八日，俄军再次出城争夺城北炮台，被守台清军击败，俄军从此困守城内。尼布楚督军弗拉索夫曾派七十名哥萨克前来增援，但远远望见清军壁垒森严，无法偷袭，只得狼狈退回尼布楚。

此时距离俄军重返雅克萨已有一年的时间，正如康熙帝所预料的那样，俄军“筑城盘踞”“积粮坚守”。他们在旧址上建筑起一座更加坚固的城堡，城堡内修建了粮仓、火药库和军需仓库，贮备了大量粮食、弹药和其他物资。由于第一次雅克萨之战清军善后工作不力，以及俄军再次返回后做了充分的战争准备，雅克萨城一时难以攻下，清军和俄军在雅克萨形成了对峙局面。黑龙江上寒冷的季节即将来到，清军只有两千余人，五十支火枪和少量火炮，其余的武器均为弓箭刀矛，攻坚能力较差。因此，清军停止了强攻，准备长期围困。萨布素等遵从康熙帝的旨意，对长期围困雅克萨作出如下部署：在雅克萨城周三面掘壕筑垒，壕外置木桩、鹿角，分兵把守；城西对面的江岸上，另外设置一军，防止俄军从江上逃跑；在离城六七里的黑龙江上游河湾内存放船只，并派遣一支军队守护，该部同时负有阻击尼布楚方面沙俄援军的使命；前线的全部军马送回黑龙江城和墨尔根喂养。康熙帝又怕清军围城的兵力不足，又命副都统博定率二百名清军增援。雅克萨城被清军重重围困，俄军如瓮中之鳖、插翅难飞。

在围困雅克萨的同时，康熙帝仍然没有放弃外交努力。他分析，俄军之所以死守雅克萨，是因为尼布楚等地的阻隔，使以往清廷致沙皇的书信未能送达；也可能是雅克萨的俄国人都是有罪的囚徒，由于惧怕战败归国后受到严惩，所以拼死抵抗。巧合的是，荷兰使臣恰在此时来到中国，康熙帝于是决定再次致书沙皇，由荷兰使臣转交。在致沙

皇的咨文中，清政府再次敦促沙俄撤回雅克萨的军队，遣返中国的逃人，并表达了希望两国划定边界、互不侵扰、永修和好的愿望。

随着时间的推移，清军长期围困的战略取得显著成效，至当年九月底，雅克萨城内八百多名俄军或战死、或病死，已仅剩一百五十余人，粮食弹药亦消耗殆尽，山穷水尽之下，困守雅克萨的俄军只有坐以待毙了。

沙俄政府得知清廷决心收复雅克萨，获胜后将直捣尼布楚，大为恐慌。因为沙俄此时正深陷欧洲战场，无力向远东增援。为了巩固在远东侵占的地盘，沙俄政府不得不接受清政府的建议：通过谈判解决两国的边界争端。九月，沙俄派遣文纽科夫、法沃罗夫飞驰北京，投递国书，声称俄国政府已经正式指派费要多尔·阿列克塞耶维奇·戈洛文为大使，前来同清朝举行边界谈判，并请求清政府停战，“乞撤雅克萨之围”。

康熙帝在接到沙俄的停战国书后，决定单方面停战撤军、遂下令解除雅克萨之围：“鄂罗斯察汗以礼通好，驰使请解雅克萨之围，朕本无屠城之意，欲从宽释，其令萨布素撤回雅克萨之兵，收集一处，于靠近近战船处立营，并晓谕城内罗刹，听其出入，毋得妄行攘夺，俟鄂罗斯后使至定议。”康熙在雅克萨城唾手可得的情况下，主动撤军，意在早日促成中俄双方和谈，解决争端，划定边界，互通贸易，和平共处。

清军遵旨解围，并给俄军送去饮食、医药，派至前线的太医也为俄军治病。康熙二十六年（1687 年）七月，喀尔喀土谢图汗奏报：“鄂罗斯遣使请和，已抵臣境。”康熙于是命萨布素率前线清军撤回黑龙江城、墨尔根城。

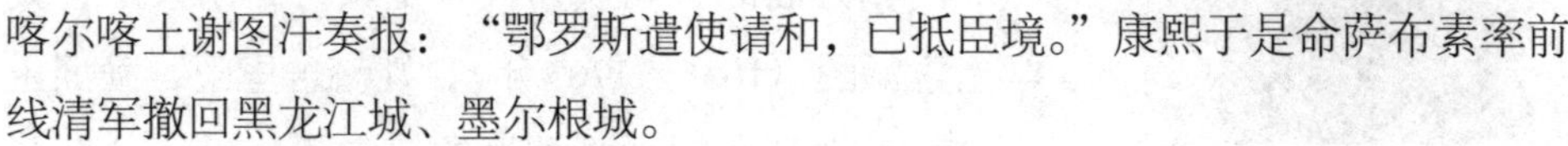

由于中国方面倡议和平谈判并停火撤军，第二次雅克萨战争得以结束，中俄双方进入谈判阶段。

七、双方谈判使团的主要成员及规模

尼布楚谈判的俄方首席代表费要多尔·阿列克塞耶维奇·戈洛文是俄国派往中国的第一位全权大使，因此该使团规模超过了任何以往前往中国的俄国使团。该使团包括各类军役人员和工作人员，总共有两千余人。仅西伯利亚地方政府拨给各类军役人员的薪饷就达三万一千卢布，此外，还拨出两千卢布作为使团在达斡尔地区雇佣车马的费用。沙皇又另赐给全权大使戈洛文两千卢布的薪俸。

全权大使戈洛文在出使中国之前任御前大臣兼布良斯克总督。他的父亲阿·斯·戈洛文曾任西伯利亚首府托博尔斯克将军。戈洛文受过良好的教育，通晓数种语言。他精通拉丁语，在尼布楚谈判时能够用拉丁语向参加谈判的耶稣会教士讲演。虽然率团出使中国是戈洛文第一次担任外交使命，但他在这次出使过程中展现了自己的才华。1687 年，他率兵向贝加尔湖地区的喀尔喀蒙古发动猛烈进攻。尽管当时俄国国内有舆论谴责他在贝加尔湖地区耽搁过久，延误了谈判，但是，事实证明，他采取的军事行动给清政府造成了压力，促使清政府在谈判中作出让步，同意将俄国梦寐以求的贸易条款写进条约。《尼布楚条约》也被认为是“俄国的一个重大胜利”。戈洛文回国后被授予贵族爵位，并被任命为西伯利亚总督。

清朝方面的首席谈判代表是领侍卫内大臣，大学士索额图（1636—1703 年），姓赫舍里氏，满洲正黄旗人，清朝开国功臣索尼的第二子，世袭一等公爵，是康熙帝皇后的叔父。索额图初任侍卫。康熙八年（1669 年）至四十年(1701 年)，先后任国史院大学士、保和殿大学士、议政大臣、领侍卫内大臣等职，曾参与许多重大的政治决策和活动。康熙帝继位之初，鳌拜擅权，索额图辅佐康熙帝计擒鳌拜，并将其党羽一网打尽，因此深受信任。

康熙二十七年（1688 年），索额图被任命为钦差大臣，率领清廷使团前往色楞格斯克，与俄方代表会谈两国边界问题。次年，俄国提议改以尼布楚为谈

判地点，索额图仍为谈判使团首席代表，率使团至尼布楚与俄方代表戈洛文谈判。在谈判中，索额图阐明黑龙江流域属于中国的原委，驳斥俄方提出以黑龙江或雅克萨为界的无理要求。双方终于在对等谈判的基础上签订了第一个中俄条约——《尼布楚条约》。此后，索额图先后两次参加平定准噶尔之役，康熙四十年以年老休致。后来索额图因为在清朝宫廷斗争中依附皇太子胤礽，在康熙四十二年（1703年），被以“议论国事，结党妄行”的罪名交宗人府拘禁，不久死于禁所。

张诚（1654—1707年，原名弗朗索瓦·热拉皮翁），字实斋，法国人，清初来华的天主教传教士。张诚出生于法国凡尔登，1670年入耶稣会香槟省修道士传习所。1685年，受法王路易十四派遣，与一批耶稣会传教士来中国传教。康熙二十六年（1687年）到达浙江宁波，次年抵达北京，由葡萄牙人徐日升神甫引荐觐见康熙帝，与另一名传教士白晋同在宫廷供职，同时学习汉、满文字。1689年，张诚和徐日升被委任充当中俄尼布楚边界谈判的译员。1690年入宫为康熙帝讲授欧几里得原理、实用几何学及哲学。1693年，康熙帝患疟疾，张诚和白晋进金鸡纳霜，康熙帝病愈后，赐地西安门内建造救世主堂(北堂)。1696年，跟随康熙帝亲征噶尔丹。1707年卒于北京。张诚第二次旅行的日记，比较详细地记载了中俄《尼布楚条约》的谈判、签订的经过，商务印书馆有中译本《张诚日记》。

徐日升（1645—1708年，原名托马斯·佩雷拉），字寅公，葡萄牙人，清初来华的耶稣会传教士。出生于布拉加省，就学于省立学院。康熙二年（1663年），徐日升加入耶稣会，并在康熙十一年（1672年）漂洋过海抵达澳门。次年，他经南怀仁推荐以精通音乐的名义来到北京，并供职于钦天监，襄助治理历法，兼任宫廷音乐教师。康熙二十七年，南怀仁病殁，徐日升接替署理钦天监监副一职。二十八年，中俄尼布楚边界谈判时，徐日升与张诚同为中方代表团拉丁文翻译。三十年，任耶稣会视察。四十五年，升任耶稣会中国省副省会长。后卒于北京。

然而，在中俄双方的谈判过程中，担任翻译的张诚和徐日升两人却充当了

不光彩的角色——俄方的间谍，且险些导致谈判破裂。清廷使团一离开北京，俄方负责谈判事务的代表吉诺夫，就多次秘密会见徐日升。徐日升假装派人给吉诺夫送酒菜，有意避开清军守卫，将一封拉丁文书信秘密交给俄方。他还向俄国人献媚，并露骨地说："我们看到永远拯救无数生灵的圣旗已经升起，我们的时代已经开始！"更为严重的是，徐日升还把中方首席谈判代表索额图、佟国纲的情况事先透露给了俄国。1689 年 8 月初，当清廷使团到达尼布楚后，尚未开始首次谈判，俄方代表戈洛文就派人来无理取闹，认为中国军队离会场太近，企图对毫无谈判经验的清廷官员施加心理压力。这时，徐日升和张诚奉命前去调解。戈洛文一见到他们，就公开表示，希望他们在谈判中帮助俄方。两人也十分"配合"，向俄国人泄露了很多清廷的机密情况，并透露了清廷的谈判底线。后来，在谈判中，徐日升还暗中捣鬼，竟然在索额图的话中擅自加入"清廷已向雅克萨派出大量军队"等话语，激得戈洛文等人出言不逊。整个谈判期间，徐日升和张诚一直对俄方暗送秋波，俄国代表也乘机对他们信口许诺，并私下赠送给他们大量的珍贵礼品。但是，无论徐、张二人如何捣鬼，索额图等人始终秉承康熙帝的谕旨精神寸步不让，加上清军在雅克萨的大胜，方才顺利完成签约。

八、尼布楚谈判及条约的签订

沙俄政权在战争受挫后，虽然提出通过谈判解决黑龙江流域问题，但并不想轻易放弃侵占这一地区的势力。1686 年 1 月，沙皇在发给戈洛文的训令中指出：一、俄中两国应力争以黑龙江为界；如果中方不同意，则争取以牛满河（今俄罗斯联邦境内布列亚河）、精奇里江（今俄罗斯联邦境内结雅河）及其以西的黑龙江为界；如中方再不同意，则争取以雅克萨为界，俄国人得在黑龙江、牛满河、精奇里江渔猎。二、如中方不接受上述划界方案，则俄国使臣应争取缔结临时停战协定，然后做好准备，进行战争。同时又指出，为了达到这一目的，大使应不惜赠送任何礼物，向中国使臣行贿。这一训令表明，当时俄国政府的基本方针是企图通过外交谈判取得黑龙江以北的全部或一部分中国领土；如果在谈判桌上达不到目的，就准备再次诉诸武力，以求在东北地区获得最大的战略利益。

而清廷对黑龙江流域的领土及主权观念极为明确。1688 年，康熙帝任命领侍卫内大臣索额图为全权大臣，与俄使议界。康熙帝指出，俄罗斯占据的尼布楚是中国茂明安部游牧的地方，雅克萨是中国达斡尔族居住的土地。该地区土地自古就归属中国。

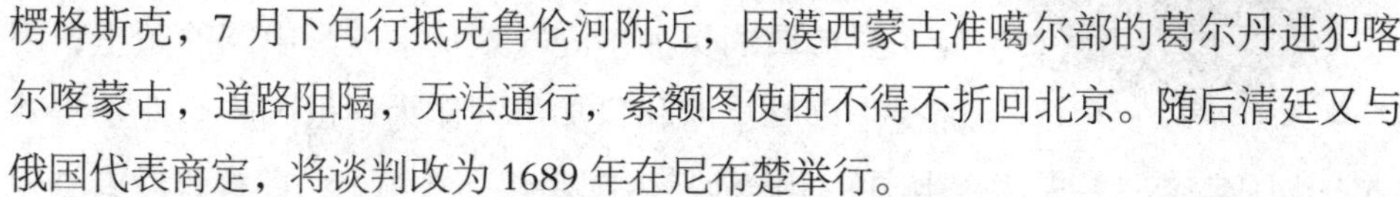

中俄两国经准备后，商定于 1688 年在色楞格斯克进行谈判。这年 5 月 30 日，中国使团从北京出发，前往色楞格斯克，7 月下旬行抵克鲁伦河附近，因漠西蒙古准噶尔部的葛尔丹进犯喀尔喀蒙古，道路阻隔，无法通行，索额图使团不得不折回北京。随后清廷又与俄国代表商定，将谈判改为 1689 年在尼布楚举行。

在此期间，沙皇考虑了当时的形势，感到坚持吞并黑龙江流域，必然遭到清廷的拒绝，甚至强烈反击。为了避免冲突，并争取同中国达成贸易协定，将沙俄在中国东北地区的利益最大化，俄国政府认为可以暂时放弃对黑龙江流域的侵略要求。沙皇于 1689 年初训令戈洛文，让他在中国坚持要俄国交出雅克萨时，毁掉那里的城防，撤退俄国居民。但为了给俄国以后侵占黑龙江流域留有

余地，让戈洛文要求中国也不要在雅克萨设防。

清政府为了能够早日和平解决黑龙江流域问题，也打算做出更大的让步。1689 年 6 月 13 日，清朝索额图使团自北京启程，出古北口北行，清廷使团的近万名护卫队和大批后勤人员浩浩荡荡，行程六千里，于 7 月 31 日到达尼布楚，在石勒喀河南岸扎营。使团成员有：领侍卫内大臣索额图、都统一等公佟国纲、都统郎谈、都统班达尔善、黑龙江将军萨布素、护军统领玛喇、理藩院侍郎温达，翻译是耶稣会士法国人张诚、葡萄牙人徐日升。

俄国戈洛文使团于 1686 年 2 月从莫斯科出发，1687 年 9 月到达贝加尔湖东岸，在那里停留了两年之久，1689 年 8 月 19 日才到达尼布楚。使团成员有：御前大臣戈洛文、伊拉托木斯克总督符拉索夫、秘书科尔尼茨基。

中俄双方经过一段时间准备，议定于 8 月 22 日开始正式会谈。22 日拂晓，准备了三年之久的中俄谈判终于开始了。双方进入会场的使臣、官员各四十名，卫队各二百六十人。缺乏外交谈判经验的中国使团怀着诚挚的态度，以为谈判会很快结束，估计十几天便可签约。而老谋深算、巧言善辩的戈洛文，却利用中国使团急于求成的心理，大肆玩弄外交手段，怀揣四个方案，傲慢无理地讨价还价，妄图谋取更大的利益。中国使团的两个传教士译员也极力为俄国效劳。

戈洛文在第一天的会谈中抛出第一个方案：“应以阿穆尔河（即黑龙江）一直到海为两国边界。阿穆尔河左岸属沙皇陛下方面，右岸属博克多汉殿下（即康熙）方面。”索额图态度鲜明，断然拒绝了这个荒谬的方案，指出：里雅那河（即勒拿河）原系我疆界，黑龙江流域的贝加尔湖以东从来就是中国的领土，因而提出以勒拿河和贝加尔湖作为中俄国界。他正告对方，中国皇帝“并未谕令中国使团向沙皇俄国割让一寸领土，同样也没有令他们去侵占沙俄领土”。双方激烈争辩，夜幕降临时才休会。

第二次会谈，仍无成果。戈洛文出尔反尔，谈判陷入了僵局。中国使团担心谈判落空，千里迢迢而来却徒劳而返。正在这时，尼布楚当地各族人民掀起了轰轰烈烈的抗俄斗争，大批群众扶老携幼，携带帐篷赶着牲口，聚集在尼布楚下游，盼望祖国来人接应他们。面对风云突变的形势，戈洛文不得不改变策

略，终于抛出了俄军撤出雅克萨的划界方案，谈判才得以继续下去。索额图行前曾上奏康熙帝，认为“尼布楚、雅克萨两地当归我国”。康熙帝则指示索额图“尼布楚归我国，则俄罗斯贸易无所栖止，可以额尔古纳河为界”。可见清廷还是充分照顾到了俄国人民的利益，索额图也是本着这个精神与戈洛文谈判的。

双方交换条约草案后，又经过激烈辩论，中俄两国终于在1689年9月7日（清康熙二十八年七月二十四日）签订了《中俄尼布楚条约》，条约包括《中俄尼布楚议界条约》和《黑龙江界约》两大部分。

条约共六款：

1. 从黑龙江支流格尔必齐河到外兴安岭直到海，岭南属于中国，岭北属于俄罗斯。西以额尔古纳河为界，南属中国，北属俄国，额尔古纳河南岸之黑里勒克河口诸房舍，应悉迁移于北岸；

2. 雅克萨地方属于中国，拆毁雅克萨城，俄人迁回俄境。两国猎户人等不得擅自越境，否则捕拿问罪。十数人以上集体越境须报闻两国皇帝，依罪处以死刑；

3. 此约订定以前所有一切事情，永作罢论。自两国永好已定之日起，事后有逃亡者，各不收纳，并应械系遣还；

4. 双方在对方国家的侨民“悉听如旧”；

5. 两国人带有往来文票（护照）的，允许其边境贸易；

6. 和好已定，两国永敦睦谊，自来边境一切争执永予废除，倘各严守约章，争端无自而起。

该条约明确规定中俄两国东段边界以外兴安岭（即斯塔诺夫山脉）至海、格尔必齐河和额尔古纳河为界，凡岭南一带土地和流入黑龙江的河川，全属中国；以北一带土地及河流，全属俄国。

乌第河流域划为待议地区，留待以后再议。俄国事实上承认侵略中国黑龙江地区为非法，同意把侵入这一地区的沙俄军队撤回本国。沙俄通过《尼布楚条约》把原属中国的贝加尔湖以东尼布楚一带地方纳入其版图，并获得重大的通商利益。条约的全部条款及交涉过程都清楚地表明，这个条约是经过平等谈

判、中国政府作了让步的结果。

中俄《尼布楚条约》肯定了黑龙江和乌苏里江流域包括库页岛在内的广大地区都是中国的领土，它遏止了俄国向东方的侵略扩张。现在，中方一般给予《尼布楚条约》正面评论，认为该条约是两个主权国家的正常边界条约，是平等条约。

但也有人认为，中国在该条约中放弃了从额尔古纳河到贝加尔湖的领土，该条约实际上不利于中国，所以《尼布楚条约》应算中国近代史上第一个不平等条约。外兴安岭附近地区自古就是中华民族东北少数民族的聚居地，自唐朝以来，辽朝、金朝、元朝、明朝都对该地区实施了有效统治，明朝还在该地区设立奴尔干都司进行管辖。而俄罗斯最初只是一个莫斯科公国，其主要领土在欧洲，外兴安岭附近离俄罗斯本土相距一万公里还远，清初的时候，俄罗斯一些匪徒才流窜到外兴安岭附近殖民。而此时清朝正是处于“康乾盛世”时期，此时的俄罗斯彼得大帝才刚刚实行改革，一个处于盛世的国家，在家门口打一个远道而来的侵略者，却要死伤数千士兵才攻下只有几百沙俄匪徒占据的雅克萨城。以当时清朝的国力，本应能够将沙俄侵略者逐出国门，但是最终却割让领土（贝加尔湖以东原属中国的尼布楚土地）才最终达成协议，于情于理似乎解释不通。

实际上，清廷让步的主要原因有两点：

一、清军武器落后，清军虽然在入关前就已经开始熟练使用葡萄牙形制的红衣大炮，但少数民族崇尚骑射的风俗在入关后并没有改变。反而在历代皇帝的反复倡导下有了愈演愈烈的趋势。特别是当时的东北地区，火炮数量严重不足。而且作为主要步兵武器的“鸟枪”，清朝在当时已经落后于西方。因此绝大多数手持大刀、长矛和弓箭的清军在对抗沙俄侵略者的凶猛炮火时死伤惨重。

二、清朝入关不及两代，而且刚刚平定三藩，经历了一场历时八年的国内战争。同时，漠西蒙古的葛尔丹也对中原虎视眈眈。在全国统治尚不稳固的情况下，清廷不愿与沙俄再进行一场消耗战。所以在有限让步的情况下，签订了《尼布楚条约》，以此换来了边界较长时期的和平稳定。

九、《尼布楚条约》的意义与遗留问题的解决

《尼布楚条约》是中俄两国在平等谈判基础上订立的第一个边界条约，其内容基本上体现了两国政府平等互利、和平共处的原则。沙俄巩固了他对西伯利亚的占有权，而且获得了同中国通商的权利。清廷则通过该条约确定了中俄东段国界，从法律上肯定了中国对黑龙江与乌苏里江流域的主权，为中俄边境地区带来了一百五十多年的和平。在遏制沙俄侵略上也是有深远意义的。

但清政府在签订《尼布楚条约》后，放松了警惕，认为从此就可以高枕无忧，并没有加强在黑龙江以北和乌苏里江以东的边防和有效治理，这为沙俄后来轻易吞并这些地区提供了便利。在康熙帝晚年，沙俄利用清廷的这个纰漏，不断蚕食中国领土。清廷虽多次与沙皇政府交涉，要求双方早日划定中段边界及解决与此有关的问题，但沙皇政府却对此置若罔闻。情急之下，清廷在雍正二年（1724 年）断然停止中俄贸易。由于俄国庞大的商队每年在中俄贸易中都会赚取丰厚的利益，为保住这一财源，沙俄政府不得不在雍正二年派出特遣驻华全权大臣——萨瓦·务拉的思拉维赤，率领俄国使团赴中国谈判。雍正四年（1726 年）冬，俄国使团到达北京。清廷派吏部尚书查弼纳等人为代表，双方

进行了六个月谈判，就原则问题达成了十项协议。接着，两国使团前往边界上的布拉河畔勘定边界，达成协议。雍正五年七月十五日（1727 年 8 月 31 日），中俄双方签订了《布连斯奇条约》。条约规定：东起额尔古纳河，中经恰克图附近的楚库河（赤奎河），西迄唐努乌梁海地区西北角的沙毕纳伊岭（即沙宾达巴哈）的边界走向，中间树立界碑，以南属于中国，以北属于俄国。根据这个条约，双方又签订了《阿巴哈伊图界约》和《色楞额界约》，以详细勘分边界。雍正六年（1728 年），中俄两国全权使臣在恰克图正式签订了两国政治、经济、宗教等方面的总协议《恰克图条约》。条约共十一款，主要内容有四个方面：

1. 边界，其内容与《布连斯奇条约》相同；重申了中俄《尼布楚条约》关于乌第河与外兴安岭之间地区暂行存放的规定；

2. 贸易，规定俄国商队每三年来北京一次，恰克图为边界贸易地点；

3. 允许俄国在北京俄罗斯馆内建造东正教堂；

4. 交换越境人犯。

上述条约，正式规定了中俄中段边界，在一定时期内限制了俄国的侵略。

事实上沙俄并没有完全遵守《尼布楚条约》、《布连斯奇条约》以及《恰克图条约》。沙俄在 18 世纪便开始派远征队进入库页岛北端，袭击当地赫哲族人，修建营舍并开采煤矿。到乾隆五十四年（1789 年），又占领了库页岛南部，把赫哲人逼回了大陆。由于清政府在库页岛没有驻军，所以直到鸦片战争时期沙俄才正式通知清政府关于对库页岛的占领。

鸦片战争爆发后，清政府的无能与软弱给了沙俄绝好的侵略机遇。从 1858

年开始，沙俄通过《瑷珲条约》、《天津条约》、《北京条约》等一系列不平等条约，侵占我国一百四十多万平方公里的广袤国土。

新中国建立后，中苏结成紧密的同盟关系，中苏边界问题虽未解决，但两国的亲密关系掩盖了在边界问题上的潜在矛盾，双方基本按实际控制线维持了中苏边界的平静。然而随着 20 世纪 50 年代末期中苏关系的恶化，边界问题上的阴影再次显露出来。中俄双方爆发了珍宝岛事件等一系列的边界摩擦。

珍宝岛事件后，中苏双方恢复了边界问题谈判。中国在边界问题上的原则和立场是一贯的，即在肯定 19 世纪清政府和沙俄签订的边界条约是不平等条约的基础上，仍愿意本着尊重现实的态度和以中苏两国人民友谊为重的原则，以这些条约为基础全面解决中苏边界问题，不要求收回沙俄通过那些不平等条约从中国割让的土地。至于后来任何一方违反那些条约而侵占另一方的领土，原则上必须无条件归还对方，但双方可以根据平等协商、互利互让的原则，考虑当地居民的利益，对边界作必要调整。中方的态度是合情合理的，既维护了中国的主权，也尊重了现实和苏联的利益。但由于国际形势的变化，这次谈判又一次无果而终。

进入 20 世纪 80 年代以后，由于国际和中苏国内形势的变化，双方政治关系逐渐改善，这就为解决边界问题创造了条件。在友好合作的精神下，中俄双

方再一次积极投入划界谈判当中。

经过长时间的艰苦谈判，1991 年 5 月，中苏两国外长签订了《关于中苏国界东段的协定》。2004 年 10 月，中俄两国外长又在北京签署了《中华人民共和国和俄罗斯联邦关于中俄国界东段的补充协定》。这两部划界协定是中俄双方共同努力、互利互让的结果，它们的签署标志着长期困扰中俄两国的边界问题得到了彻底解决，这不仅对维护我国东北地区和整个东北亚地区的安全与稳定有重大意义，也为消除俄罗斯国内部分人对我国的误解，建立中俄两国的世代友好关系打下了坚实的基础。

鸦片战争

1840-1842年的鸦片战争，是封建的中国变为半殖民地半封建的中国的转折点。18世纪70年代，英国开始把鸦片大量输入中国。1839年6月3日至25日，林则徐将缴获的237万斤烟土在虎门海滩当众销毁。英国政府很快做出向中国出兵的决定。1840年6月28日，第一次鸦片战争正式爆发。鸦片战争标志着中国近代史的开端，从此，中国人民面临着更为复杂曲折的斗争。

一、鸦片战争的背景

19世纪中期，清王朝日趋腐朽衰落，以英国为首的西方资本主义国家却相继完成了工业革命，英国成为世界头号资本主义强国。为了扩大海外商品市场，1840年，英国侵略者在其他西方资本主义列强的支持下，向古老封建的中国发动了一次侵略战争。这次战争因英国强行向中国倾销鸦片而起，史称鸦片战争。这场血与火的战争强行打开了中国国门，也极大地改变了中国社会的性质，中国从此失去了独立自主的地位，开始由独立的封建国家逐步变成半殖民地半封建社会性质的国家，中华民族由此开始了一百多年屈辱、苦难、探索、斗争的历程，中国近代历史亦由此发端。

中国是世界四大文明古国之一，中华民族在漫长的历史长河中创造了光辉灿烂的文明，为人类文明的发展和社会进步做出了突出贡献。中国在相当长的历史时期内，一直是亚洲甚至世界上最为文明、富饶和强大的国家，鸦片战争前夕，中国所创造的生产总值仍占世界总产值的三分之一左右，高居世界各国之首，然而这种情况到清朝后期开始发生变化。随着清政府政治的日趋腐败，中国社会阶级矛盾不断激化，社会危机日益加深，国力开始衰落。与此同时，国际社会中的西方主要资本主义国家却借助工业革命的强劲动力，迅速发展自身国力，并开辟新的原料产地和商品销售市场，走上对外扩张的殖民道路。此消而彼长，中国由此成为西方殖民扩张的重要目标，中国与西方国家之间的关系开始发生根本性变化。英国凭借坚船利炮打开了中国的大门。鸦片战争是中国历史的重要转折点，中国社会开始从封建社会走向了半殖民地半封建社会。

鸦片战争是中国历史上一次划时代的重大事件。中国近代历史就是以此为开端的。鸦片战争为什么爆发？中外史学界对这个问题的看法是不一致的，有的西方学者认为这场战争爆发是由于“商务上的误会”，有的认为导源

于“东西方文化之间的冲突”，有的说这是一个纯偶然性的事件。鸦片战争的爆发绝非偶然，我们可以在世界历史和中国历史的发展演变中考察一下战争爆发的历史背景。

（一）濒临崩溃的天朝大国

鸦片战争前夕，中国虽说已到了封建社会末期，新的社会因素有了一定量的积累，在一定程度上呈现一种新旧交互渗透的过渡性状况。但是总的看来，基本保持着社会的旧格局、旧面貌。地主阶级与农民阶级之间的矛盾，依然是社会的主要矛盾，并且这种矛盾已严重激化，封建统治面临危机。资本主义萌芽有所增长，但封建制度没有改变。从18世纪下半叶开始，清王朝已经走上衰败的道路，政治黑暗，国防薄弱，财政拮据，国势日衰，到了19世纪以后，嘉庆、道光王朝更呈江河日下之势。

闭关自守的对外关系成为清朝走向崩溃的不可忽视的消极因素之一。鸦片战争以前，尽管清王朝保持着比资本主义制度落后了一个时代的封建制度，已经相当没落腐败，但当时的中国却是一个拥有主权的独立国家。清王朝采取的对外关系政策是“闭关锁国”政策。18世纪末，随着国内阶级矛盾日益激化，清朝统治者对中外交往的防范更加严密，清政府开始全面推行闭关政策，面对来自国内外的威胁，开始谋求应对措施，在不断造访的西方来客面前，“宁可求全关不开”，以自我封闭来实现自我保护的目的，实行闭关锁国政策。“间年外域有人来，宁可求全关不开。人事天时诚极盛，盈虚默念惧增哉。”这是乾隆皇帝在1787年作的一首《上元灯词》，这首诗充分反映出清朝统治者实行闭关锁国政策。

为了进一步加强对外国经贸的管理，厉行“闭关锁国”政策，清政府制定并颁布了一系列制度和规程。对于外商在广州留住的时限和居址、外商与中国商人的关系、对外商雇员的限制、对外商船只的防范监视等都做出严格规定：

(1) 永远禁止外国商人在广州过冬； (2) 由当地行商管束稽查来到广州的外国人； (3) 查禁中国商人借领外商资本，禁止外商雇请役使中国人； (4) 永远革除外国人雇人传递信息； (5) 外国船只进驻停泊，派当地驻军弹压稽查。19世纪初，清政府又颁布《民夷交易章程》，该章程规定：以后各国保护所运货物的军队船只，一律不许驶入内港；外国商人货物销售完毕后应按照规定期限立刻回国，外国商人拖欠款项应迅速偿还；已在澳门居住的外国人不准再自行增盖房屋，家眷人口也不准再增加；由澳门同知办理引水船户的给照和销照；外商买办必须选择可靠之人；运到广州的货物都由各国商人自行投行，公平交易。1831年，清政府颁布《防范夷人章程》，再次强化对西方的防范，重申对西方商贸往来要严加管理。

为了严格限制外国来华贸易，清政府还加强了对经营对外贸易业务的洋行的统一管理，推行公行制度。1760年，清政府还专门设置“专办夷船货税”的外洋行，统一经营管理对外贸易。后来由19家洋行组成“公行”。“公行”开始具有垄断性质，排除了公行以外私商的权力。公行兼具亦官亦商的职能，专揽茶、丝及大宗贸易，小宗货物则由公行以外的行商经营。参加公行的行商一方面享有包办一切进出口货物的独占权，一方面也是官府与外商交涉的中介，负有承保外洋船货税饷、规礼、传达官府政令及管理外洋商船人员等义务。

清政府基于巩固满洲贵族在中国的政治统治而采取的“闭关政策”，虽然从客观社会效果方面来考察，在防止中外民间接触、避免西方国家不断侵扰方面不失为一时苟安自保的权宜之计，但从长远、全局来看，作为一个封建国家，消极被动地闭关锁国只能使中国长期以来存在的政治、经济、文化、科学技术等诸领域自高自大、盲目排外情绪不断高涨，严重阻碍了中国学习世界先进的思想、文化和科学技术，使清王朝丧失了改革图强的可能性，这种“慢性自杀政策”只能使中国越发被动、落伍，最终无可避免地走向衰亡。

(二) 鸦片战争前夕的中国

清朝初期到鸦片战争前夕，中国社会仍然是一个独立的封建国家，国势从

乾隆末年开始由盛转衰。封建制度已严重地阻碍了新的生产力的发展。明代中叶产生的资本主义萌芽发展非常缓慢。小农业和家庭手工业相结合的自给自足的自然经济，仍占据中国社会经济的主导地位。土地兼并的现象十分严重，成为全国的普遍现象。大量耕地集中在贵族、地主手中，皇帝是全国最大的地主。嘉庆时，由皇室直接占有的田地竟达 550 多万公顷，约占全国耕地的十分之一左右。1799 年，查出大学士和珅占有田地 5 万多公顷，他的两个管家也仗势占有土地 4000 多公顷。京师附近怀柔县大地主郝家占良田 6 万多公顷。那时候，占全国人口 80%的农民，总共占有耕地 530 多万公顷。占全国人口绝大多数的农民，土地很少或者完全没有土地。广大农民在封建地租、赋税、徭役和高利贷的重重盘剥下，陷于贫困破产和流离失所的悲惨境地。农民阶级同地主阶级之间的矛盾，是当时社会的主要矛盾。

清朝政治的腐败日益暴露。从乾隆后期开始，官场中结党营私、互相倾轧、卖官鬻爵、贿赂成风、吏治败坏。清王朝高度集权的君主专制制度已腐朽不堪。皇帝专横独断，骄傲自满，沉醉在“天朝上国”的美梦之中。封疆大吏愚昧闭塞，官场贪污成风。乾嘉以来，清政府从中央到地方的高级官僚当中，多次揭露出惊人的贪污案件，这不过是因统治集团内部矛盾而揭发出来的一小部分丑闻而已。当时有人将清朝皇帝查办贪污案讽刺为“宰肥鸭”。贪污在清统治集团中成为一种不可遏制的流行病。结党营私，在当时统治集团中也形成恶劣的风气。广东巡抚百龄出京赴任时，向人借钱作盘费。几年以后，他任两江总督，动用夫役 2000 多人搬运个人财物。此外，他还购置了 6 处房产，330 多公顷良田。直隶司书王丽南勾结押解工匠代役银的差役，串通 24 个州县官吏，采取私刻印章、重领冒支、挖改库收等手段，侵吞国库白银 31 万两。

清政府为解决财政困难，公开卖官，嘉庆时期，这项收入总计 1.2 亿多两白银。买官的都是些官吏、地主、商人。新官上任以后，极力搜刮百姓。清政府公开卖官鬻爵，这更加速了它的腐败。1813 年，京郊林清领导的一支农民起义军潜入城里，突然攻入皇宫。这支起义军虽然被镇压，但它直接冲击了最高封建统治者的宝座。嘉庆皇帝作诗哀叹：“从来未有事，竟出大清朝。”

废弛的军事已无力维护腐朽的封建专制统治。鸦片战争前夕，清朝的八旗兵和绿营兵编制上虽有八九十万人，但缺额甚多，武器落后，其装备水平与清朝早期相比反而有所退步。军队里，装备陈旧，操练不勤，营务废弛，纪律败坏。八旗军人人游手好闲、华衣美食相标榜，追求安逸舒适的生活，这不仅直接导致八旗官兵体能和军事素质不断下降，而且严重败坏了军队的风气，当时的八旗士兵在社会上惹是生非、打架斗殴、作奸犯科，甚至成为京城和各驻地的一项公害。纪律松懈、腐败盛行，八旗军最终发展成为一支只顾追求享受而战斗意志衰退、不堪一击的糜烂之师。奢侈、骄怠、贪污、腐败等罪恶的毒瘤严重腐蚀和破坏着清王朝的政治统治和军事基础，愈演愈烈的奢靡腐败之风以及由此造成的浩大军政开支使国库日渐空虚，到嘉庆年间清政府财政已陷入困境，盛极一时的天朝大国由此走向衰落。到鸦片战争前夕，清朝的国防力量已经十分虚弱，虽然每年消耗饷银二千万两以上（约占当时清朝年财政收入的一半），但已经无力改变腐朽不堪的八旗军制。

沉闷的思想文化禁锢着人们的思想。清朝统治者还实行严酷的文化专制政策，沿用八股取士的科举制。当时思想界处于一种相当麻木、压抑和沉闷的氛围中，但是龚自珍颇有“众人皆醉我独醒”的觉悟。他长歌当哭，不遗余力地揭露和抨击时弊。

鸦片战争前夕，清王朝长期实行闭关政策，严重地阻碍了中国对外贸易和社会政治、经济的发展。清王朝政治腐败，国防空虚，军备废弛；财政上，国库亏空，入不敷出。随着清朝统治的日趋腐败和对人民剥削压迫的加重，国内阶级矛盾日益激化，人民群众的反抗斗争此起彼伏。清王朝的统治面临严重的危机，中国封建社会已经走到了尽头。

（三）鸦片战争前夕的西方世界

鸦片战争前夕，正当清朝衰落之时，欧美资本主义国家迅速崛起。19 世纪上半叶，英国率先完成工业革命，成为头号资本主义强国。法美等国的工业革命也相继发展起来。他们为夺取更多的销

售市场和原料产地，加紧对外扩张。

英国是世界资本主义的发祥地。继 17 世纪 40 年代最早爆发资产阶级革命之后，18 世纪又率先实现“工业革命”，成为当时世界上最强大的资本主义工业园。到鸦片战争前后这段时期，英国每年的煤产量达到 3000 多万吨；生铁产量达到 140 万吨；筑成铁路数千公里。当时英国已有三分之二的劳动人口从事工业生产，有许多巨大的工业城市，首都伦敦的人口发展到 200 多万。从对外作战所必需的海军力量看，到 1836 年时，英国已拥有大小船舰 500 余艘。1853 年，英国工业产量占世界总产量的一半。英国用蒸汽机装备海军炮舰，陆军使用先进的后膛装弹的来复枪和火炮。那时候，英国成为“海上霸主”。英国军舰横行世界，到处进行殖民侵略。

19 世纪上半期，英国侵占印度，又不断对缅甸、阿富汗、伊朗等国发动侵略。英国在东方建立的殖民体系已成为侵略中国的前沿阵地。那时候，清王朝依旧做着“天朝上国”的美梦。皇帝和多数大臣闭目塞听、愚昧无知。早在乾隆时期，英国派使者马戛尔尼到中国商讨通商事宜。马戛尔尼曾邀请大将军福康安观看欧洲新式的火器演习。福康安却冷淡地说：“看亦可，不看亦可。这火器操作，谅来没有什么稀奇！”正是由于长期以来清朝统治集团闭目塞听、骄傲自大，不愿意了解西方情况，所以到鸦片战争爆发以后，清朝统治集团对敌情的无知，达到了惊人的地步。中英交战两年了，道光皇帝竟然不知道英国在何方。他派人审问英俘，竟提出这样可笑的问题：“该国地方周围几许?”“英吉利到回疆有无旱路可通?”“与俄罗斯是否接壤?”两江总督牛鉴看到英国火轮船时，“疑其轮系牛拉”，当有人将实情相告，仍然“疑信未决”，直到看见“火轮机关”，才“叹而信之”。

法国当时是仅次于英国的第二号资本主义强国。法国大革命是资产阶级革命时代规模最大、最彻底的一次革命，它一扫法国先前的封建秩序，建立起资产阶级政权，工业生产也得以迅速发展。不过，鸦片战争前夕，从工业的一些主要指标看，法国还远远落后于英国。19 世纪 30 年代起，德国资本主义工业开始较快地发展，但直到 50 年代德国还是一个四分五裂的国家，德意志联邦中包括普鲁士等三十多个独立国，各自为政，这样又使资本主义发展受到严重阻

碍。美国是一个后起的资本主义国家。它在法国大革命爆发的前夕，即1775—1783年取得反对英国殖民主义革命战争的胜利，建立了美利坚合众国。从它建国到进入19世纪中叶的时候（鸦片战争爆发之时），仅短短的五六十年的时间，美国资本主义的发展速度是迅猛可观的。特别是在19世纪初叶，美国迅速发展商业，获取巨额利润。在1805年，美国商人曾经掌握国际贸易的三分之一，由此可见美国善于把握时机进行竞争。总之，美国虽说后起，但显示出咄咄逼人之势。俄国是一个长期处于封建农奴制统治下的国家，直到19世纪前半期，封建经济仍占统治地位。俄国虽然在经济上比较落后，但它疯狂破坏欧洲的革命运动，而且是最早侵略中国的国家之一，早在17世纪中叶的时候，它就把侵略活动推进到中国的黑龙江流域。

西方资本主义迅速发展，不断开辟和扩大商品市场和原料产地，不断加紧对外扩张。中国地大物博、人口众多，这么庞大的市场令以英国为首的西方列强垂涎欲滴。于是古老而又落后的东方大国——中国，成为列强侵略的重要目标。

二、鸦片战争的爆发

（一）鸦片贸易

随着西方资本主义的迅速发展，为获得更多的原料产地和产品销售市场，西方列强虽然尝试运用各种手段打开中国市场，倾销本国工业产品，但其在鸦片战争前相当长时期内的对华贸易中却一直处于不利地位。中国自给自足的封建经济仍占主导地位，对外国工业品的入侵有着顽强的抵抗力，使西方国家输入中国的毛织品和金属品等主要货物很难在中国找到销路。另外，中国输往国外的商品如茶叶、生丝、土布等因国外市场需求量的不断扩大而逐年增加其出口数量，因此在长期以来的对外贸易中，中国一直处于出超的有利地位。为了打破对华贸易的逆境状态，英国资产阶级选择用鸦片作为打开中国大门的武器。

18 世纪 20 年代，英国殖民主义者开始经营罪恶的鸦片贸易。英国鸦片贩子将鸦片偷运到中国，每箱毛利最高时可达一千银元之多。而对于英国殖民者来说，鸦片走私的重要意义还在于它带动了英国——印度——中国的“三角贸易”，使英国可以赚取更大的利润。巨大利益的驱动，使西方殖民主义者将道德与良心抛到九霄云外，不遗余力地进行鸦片走私的罪恶勾当。

1729 年，清政府颁布了第一道禁止贩运、禁止吸食鸦片烟的诏令。后来乾隆皇帝也发布了禁烟令。嘉庆皇帝更三令五申，严格禁止鸦片贸易。但由于官僚队伍的腐败，贪污受贿成风，走私到中国的鸦片越来越多，嘉庆年间已高达四千余箱。鸦片，又叫阿芙蓉，俗称大烟，盛产于孟加拉等地，是用罂粟汁熬制而成的一种可供吸食的麻醉品，可做药品。人们一旦吸食上瘾就很难戒掉，长此以往会使人骨瘦如柴，精神委靡，身心俱损，痛苦万状，如同废人。虽然鸦片早在唐代就自阿拉伯传入中国，但直到 17 世纪，吸食的恶习才由南洋传入，中国人也才开始流行用烟枪灼火吸食。由于吸食鸦

片成瘾很难断绝，而且严重危及身心健康，因此鸦片贸易实际上是一种罪恶的毒品贸易。

19世纪初，英国走私鸦片的范围从珠江口外逐渐扩大到东南沿海，甚至北及直隶和奉天海岸。据不完全统计，在19世纪最初20年中，英国每年平均自印度向中国输入鸦片4000余箱，30年代后迅速增加，1838—1839年更激增至35500箱，占当时英国输入中国货物总值的一半以上。1800—1840年，英国偷运进中国的鸦片不下42万箱，从中国掠走的白银至少在3亿元以上。英国在印度的殖民政府，按鸦片成本300%以上的税率征税，每年收入税款达100万英镑左右，鸦片税成为殖民政府的一项重要财源。肮脏的鸦片贸易，对于英属印度政府、东印度公司以及鸦片贩子都有利可图。英国在印度大量销售棉纺织品，以购买印度种植的鸦片，然后再用印度的鸦片换取中国的丝和茶，运销本国及世界各地。在这种三角贸易关系中，鸦片起着特殊的作用，使英国资产阶级从中获取了巨额利润。

鸦片贸易在给英国资产阶级带来巨额利润的同时，给中国社会带来了严重危害，不仅严重危害中国的国计民生，而且直接威胁着中华民族的生存。一方面，鸦片在中国泛滥，给中国的封建社会经济带来严重祸患。随着鸦片输入数量的激增，中国在对外贸易中出超的有利地位迅速转向不利，大量白银外流。从19世纪30年代起，仅英国每年以输入鸦片就从中国掠走白银高达数百万元。大量白银外流的结果，直接造成了“银贵钱贱”的加剧。农民的实际负担无疑比从前大大增加了。中小商人在经营中的负担无形之中增加了百分之五六十以上。白银外流、银贵钱贱的另一个影响是：各地方银两短缺，拖欠应该上缴国库银两的现象日趋严重，这又必然影响了清政府的财政收入，以至于清政府有时连支付军队粮饷也感到困难。

鸦片大量输入的结果，是使已经停滞不前的封建经济遭到进一步摧残，造成了市场萧条，工商业凋敝，城市经济日益萎缩。一个时期的社会购买力是有限的，手中的钱用来吸食鸦片的份额多了，用于购买其他物品的钱必然减少。林则徐经过社会调查后记载了如下的情况：苏州之南濠、湖北之汉口，皆商业发达之地，“近来各种货物销路皆疲，凡二三十年以前，某货有万金

交易者，今只剩得半之数。问其一半售于何货，则一言以蔽之，曰鸦片烟而已矣”。南濠、汉口如此，其他地方，特别是江南商业比较发达的地区，受到鸦片泛滥的影响应该说是很自然的事情。当时苏州、汉口等著名工商业都市，各种货物销量甚至比二三十年前减少了一半以上。银价上涨，各地税收困难，国库储备越来越少，国库日益空虚，财政更加拮据，清政府财政陷入严重困境。

鸦片的大量输入，不仅毒害了许多人的精神与肉体，也严重败坏了社会风气。鸦片战争前，中国吸食鸦片的人越来越多。有人向清朝统治者奏报：开始的时候，只是个别顽劣奸商，偷偷购买吸食。后来渐渐波及到一些富贵者的子弟及城市中的富豪，再后来便是一般平民百姓有的也吸食鸦片了。据云："现今直省地方，俱有食鸦片烟之人，而各衙门尤甚，约计督抚以下，文武衙门上下人等，绝无食鸦片烟者，甚属寥寥。"上自官府缙绅，下至工商优隶，以及妇女、僧尼、道士，都在吸食鸦片。烟毒也逐渐浸及农村，一些省份不仅有进口的鸦片，也开始种植生产土烟，祸及的面更加广泛。有人悲愤地说："请君莫畏大炮子，百炮才闻几个死？请君莫畏火箭烧，彻夜才烧二三里。我所畏者鸦片烟，杀人不计亿万千！"鸦片的输入与泛滥，也加速了本已经日薄西山的清王朝的腐败与衰落。上自大清皇帝、督抚大员，下到负禁烟缉私之责的官吏兵丁，直接或间接从鸦片走私中贪污受贿、谋取私利者，数不胜数。负有把守国门重任的粤海关，一项人所共知的职责，便是无偿地为皇帝搜罗进口宝物珍奇，另外还要每年向皇帝贡奉白银十五万两。这笔巨额款项的来源之一，便是出自粤海关从鸦片走私中大量受贿。非但如此，装运皇帝每年向粤海关及各地督抚索取贡品的"贡船"，也往往成了运送鸦片走私的得力工具。沿海的清朝官兵，染指鸦片走私者屡见于中外文献。正如马克思所指出的："中国人在道义上抵制的直接后果是英国人腐蚀中国当局、海关职员和一般官员。浸透了天朝的整个官僚体系和破坏了宗法制度支柱的营私舞弊行为，同鸦片烟箱一起从停泊在黄埔的英国趸船上偷偷运进了天朝。"清政府腐败的官兵为收取贿赂而放任鸦片走私，这又必然加重了清政府的腐败与衰落。

另一方面，鸦片的毒害也严重摧残了中国人的身心健康。鸦片吸食者，最初是一些官吏、士绅、地主、商人以及依附于统治阶级的差役、兵丁等，后来鸦片吸食者范围逐渐扩大到社会各阶层，普通百姓也开始吸食鸦片。据估计，1835 年中国吸食鸦片的人数高达二百万以上，鸦片流行地区也蔓延至内地十几个省区。由于中国吸食者日众，而且相当数量的人染上烟瘾，他们在生理上和精神上受到极大摧残，致使国民体质迅速下降，尤其是官吏、兵丁吸食鸦片直接造成了中国军队战斗力的丧失。

（二）禁烟运动

罪恶的鸦片贸易给中国带来深重的灾难，引起朝野上下的普遍关注。深受鸦片毒害的中国劳动人民对贩卖鸦片的外国侵略者深恶痛绝，强烈要求禁烟，多次进行声势浩大的示威和反对鸦片贸易的斗争。道光皇帝也连年发布禁烟令，但并未奏效。清政府内部关于禁烟问题也存在诸多分歧，形成了弛禁派和严禁派对峙的局面。

有人认为，不能严格禁止吸食鸦片。允许鸦片进口也有好处，那就是可以增加税收，解决财政问题。如果鼓励在中国本土种植鸦片，就可以减少白银的大量外流。这种人甚至荒谬地说，农民种植鸦片可以获得比种植稻麦多数倍的利益。在他们看来，严厉禁烟反倒是“百弊丛生”了！广州学海堂校长吴兰修在其所著《弭害论》一书中就大肆宣扬只有让鸦片贸易合法化，才能使中国走出困境，保住白银不再外流。1836 年，太常寺少卿许乃济也奏请取消鸦片禁令，提出鸦片最终也难以禁绝，对鸦片查禁得越严厉，所造成的流弊越大，他主张要“夷商将鸦片照药材纳税”，还提出应变通办理，发展本国烟土以抵制外洋鸦片，主张弛禁，将鸦片贸易合法化。这种弛禁主张在朝廷得到以首席军机大臣穆彰阿和直隶总督琦善为代表的利益集团强有力的支持，他们对禁烟没有信心，公然为鸦片贸易争合法地位，主张取消鸦片禁令，公开允许鸦片入口，照药材纳税，以增加税收，解决财

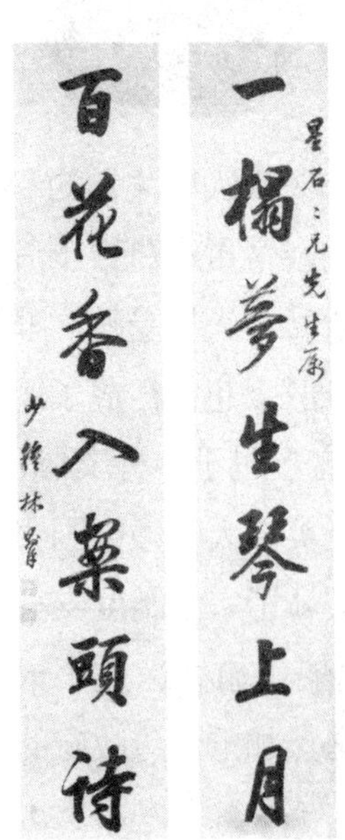

政困难。

这些人看到鸦片走私带来了严重的社会问题，但慑于中外客观上存在的巨大障碍，他们并不主张严禁鸦片，而是主张“弛禁”，提出了一些似是而非的主张。他们认为造成官员受贿、鸦片走私越来越猖獗、白银大量外流等一系列问题的，是禁烟。因为鸦片输入势难禁绝，禁烟的法规越严峻，那些不轨之徒走私的法子越奇巧，有关的人受贿越严重。与其如此，不如公开允许鸦片进口，照章纳税。并规定鸦片交易只能采取以货易货的办法，不得用现银购买，这样就能避免白银外流。内地种植鸦片，也是对鸦片进口的一种抵制。他们从统治者的立场出发，认为应该严厉禁止政府官员、封建士大夫及军队内部吸食鸦片，至于一般的无足轻重之辈及愚贱之民，暂时随他吸就是了，无碍大局。许乃济的这一主张当时还真得到了不少人的赞赏与支持。当然在鸦片走私与吸食鸦片已经构成严重社会问题的情况下，公开持这种观点的人自然是极少数。

弛禁派的主张如果付诸实行，势必使鸦片烟毒泛滥，使中华民族的利益蒙受更大的危害，因此遭到许多有良知的爱国官员的坚决反对。以湖广总督林则徐和鸿胪寺卿黄爵滋为代表的“严禁派”坚决主张立即严禁鸦片贸易。因此，许乃济的弛禁方案受到了一些官员的严厉批评。1838 年，鸿胪寺卿黄爵滋上书道光皇帝，痛陈鸦片的种种危害，指出巨大的银钱消耗是因为鸦片贸易盛行，而鸦片贸易盛行又是因为吸食鸦片的人过多。如果没有人吸食鸦片，外国的鸦片烟自然就不会再运来，银价也不会再上涨，中国的财政困境就可以迎刃而解，因此主张以严刑重法断绝吸食者的烟瘾，限期一年戒烟，过期仍然吸食者，平民处以死刑，官员加等治罪。黄爵滋“重治吸食”，限期戒烟的建议及其抵制鸦片输入的主张得到了湖广总督林则徐等人的大力支持。

对鸦片危害深有了解，并曾在湖广总督任上严厉禁烟的林则徐，支持黄爵滋的重治吸食鸦片的建议。他上奏道光皇帝，激愤地说：对鸦片烟毒泛滥之事，“若犹泄泄视之，是使数十年后，中原几无可以御敌之兵，且无可以充饷之银。兴思及此，能无股栗”！林则徐的奏折切中要害，也深深打动了道光皇帝的心。为了防止出现“无兵”、“无饷”等危及社稷的严重现象，道光皇帝决心派林则

徐为钦差大臣，节制广东水师，赴广东厉行禁烟。

（三）虎门销烟

林则徐，字元抚，又字少穆，福建侯官（今福州）人。早在任湖广总督时，就厉行禁烟，缉拿烟贩，收缴烟具，配制推广戒烟药丸，禁烟成绩显著。1838年7月至9月，林则徐三次上奏道光皇帝，支持黄爵滋的主张。林则徐的奏折使道光皇帝也认识到继续听任鸦片输入势必造成军队瓦解、财源枯竭，遂于1838年11月命林则徐进京，连续八次召见，同他商议禁烟方略。12月31日，林则徐被任命为钦差大臣，节制广东水师，前往广州查禁鸦片。

林则徐在去广东的途中认真调查鸦片流毒情形，探求禁烟的有效办法。到达广州后，在广州军民禁烟决心的深切鼓舞下，林则徐同两广总督邓廷桢、广东水师提督关天培等人合作，一方面积极整顿海防，防御外国侵犯；一方面严拿烟贩，惩办违法官吏，严禁国人贩卖、吸食鸦片。为断绝鸦片来源，林则徐于1839年3月18日向外国烟贩发出谕帖，限期呈缴所有鸦片，并具结保证“嗣后来船永不敢夹带鸦片，如有带来，一经查出，货尽没官，人即正法，情甘服罪”。为表示禁烟的决心，他说：“若鸦片一日未绝，本大臣一日不回，誓与此事相始终，断无中止之理。”林则徐还认真研究英人在军事方面的长处与不足，陆续制定了一系列战备措施，下令加固虎门一带海面所安设的木排铁链，添设炮台炮位，他还购置外国大炮加强炮台，搜集外国船炮图样准备仿制，以提高中国军队的作战能力。他还坚信民心可用，他组织地方团练，从沿海渔民、村户中招募水勇，操练教习，大力整顿海防，积极备战。

中国正义的禁烟斗争遭到了英国资产阶级的抵制和破坏。英国商务监督义律极力阻止英商缴烟，一面指使和帮助鸦片贩子和停泊在珠江口外的鸦片船逃避，一面进行战争威胁，准备进行武装挑衅。对此，林则徐坚决斥责了义律的不法行为，果断地下令停止中英贸易，派兵围困商馆，断绝外国商人与鸦片船之间的联系，撤出在商馆服务的中国雇员。义律看到阻止缴烟的计划无法实现，

于是又玩弄新的阴谋，命令英商缴烟，同时劝告美国商人缴烟，并保证烟价一律由英国政府赔偿，造成各国联合的情势，为英国发动战争制造借口。4 月中旬至 5 月中旬，在中国禁烟运动的压力下，英国鸦片贩子被迫缴出鸦片 2 万余箱，美国烟贩也缴出 1500 多箱，总计 237 万余斤。

1839 年 6 月 3 日，林则徐指挥中国军民将缴获的鸦片在虎门海滩当众销毁，一直到 6 月 25 日，鸦片才被全部销毁。在销烟期间，林则徐还允许外国人到现场参观，起到积极的警示和教育作用。虎门销烟给外国侵略者以沉重的打击，是中国禁烟运动取得的一次重大胜利，它向全世界表明了中国人民抵抗外国侵略、维护民族尊严的坚强意志，但同时也激起了英国侵略者的仇恨，为达到把中国变成它的商品市场和原料供应地的最终目的，英国资产阶级以林则徐命令外国商人呈缴鸦片、禁烟是对英国的“侮辱与侵略”为借口，开始策动武力进攻中国。1840 年 6 月，英国悍然发动了“旨在维护鸦片贸易”的对华战争，第一次鸦片战争正式爆发。

三、鸦片战争的经过

（一）英国挑起侵华战争

1839年，当中国禁烟的消息传到伦敦后，英国国内鸦片贸易集团和工商业资产阶级立即要求发动侵华战争。二十多家公司联名向英国外交大臣巴麦尊上书，敦促英国政府对中国动用武力。伦敦、利物浦、曼彻斯特等地的商会也先后向英国政府提出各种建议，以期他们能在对华贸易和鸦片输出过程中得到保障。建议中还公然附有中国应开放的港口、协定关税及英商在华特权等侵略条款，并提供了对华侵略的作战计划、兵力配备。要求英国政府迅速派出军队发动全面的侵华战争，希冀用武力打开中国大门。

英国国内鸦片贸易集团和工商业资产阶级武力侵华主张也符合英国政府的既定策略，由于此前英国国内正遭受经济危机，英国政府也急需发动一场侵略战争来扩大海外市场，以便刺激本国工商业的发展。在得知中国的禁烟消息后，英国外交大臣巴麦尊立即狂妄地表示，必须对中国施以武力，“先来一个打击，然后再说道理”。1839年10月，英国召开内阁会议，决定派舰队到中国，发动蓄谋已久的侵华战争。1840年初，英国维多利亚女王在议会发表讲演时也指出，中国的禁烟事件，不仅使英商的利益蒙受损失，还影响了英王的“尊严”，表示“已经并将继续对此深为影响我国臣民利益和我的荣誉尊严的事件，予以严重的注意”，这明确预示着英国政府已经决定发动侵华战争。

侵华政策确定后，英国政府立即付诸实施。英国政府任命曾任印度总督的海军上将懿律和商务监督义律为正副全权代表，任命懿律为侵华英军总司令，并发出训令，指示先封锁珠江口，然后占领舟山，再北上至天津与清政府谈判，如果得不到满意答复就扩大战争。与此同时，英国政府还预拟了一个《对华条约草案》，对具体侵略步骤进行了指示，提出开放五口、割让岛屿、赔偿烟价、

索取军费、自由贸易等多项侵略条款。巴麦尊还发出致清朝“宰相”的照会，照会中攻击中国的禁烟政策，正式提出赔偿烟价、尊重女王派遣的官员、割让岛屿、偿还商欠等无理要求，并且声明英国此次出兵中国的一切费用，全部由中国负担。巴麦尊还在照会中威胁说，如果清政府不接受上述要求，英国必将“相战不息”。1840 年 6 月，英国政府以“中国政府侮辱了英国的官员和商人、英国商人遭受了重大损失以及英国商人的生命财产安全受到威胁”为由，正式发动了第一次鸦片战争。

（二）鸦片战争的三个阶段

鸦片战争历时两年多，大体经过了三个阶段。第一个阶段从 1840 年 6 月起，到 1841 年 1 月英军强占中国的香港为止，经历了半年多的时间。英国首批侵略军抵达珠江口后，见时任两广总督的林则徐有所戒备，即依照英国政府原来的训令，留少量船只封锁广州海口，大部北上浙江定海，后续部队也分批北上。1840 年 7 月初，英军抵达福建沿海，派一艘船至厦门投递《巴麦尊致中国宰相书》，因不合天朝对外交涉体制被厦门守军拒收。英军开炮轰击，清军受挫。而后，大股英军进犯定海，定海守军全无防备，况且定海守军已由万余人减少到两千人，一半还属临时雇来充数的，仓促应战，结果定海陷落。

1840 年 8 月中旬，英国军舰北上到达天津附近的白河口外，向清政府提出照会，要求赔款、割地、通商。奉道光皇帝之命来到天津海口的直隶总督琦善，接受了英国政府的照会。向清政府提出了五项要求，即：赔偿“货价”，赔偿倒闭行商所欠英国商人的银款，割让一处或数处岛屿，中英平等外交，赔偿远征军费用等。文件为英国贩卖鸦片辩护，指责林则徐所谓的种种“罪行”。琦善给英方的复文中称，林则徐在广东“措置失当，必当逐细查明，重治其罪”，要求英军退回广东，待朝廷派钦差大臣到广东后“秉公查办，定能代申冤抑”。道光皇帝研读了英方照会后，昏聩地以为英方之目的是“昭雪”和“乞恩”，令英军回广东听候办理，并表示林则徐未能正确执行皇帝旨意，将另派钦差大臣到广东秉公查办。英国侵略者于 9 月中旬南返。

道光皇帝任命自夸“退敌”有功的琦善为钦差大臣，赴广东继续办理中英交涉。接着，以办理不善为名，将林则徐、邓廷桢撤职查办。

10月，琦善离京前往广州。途中他写信给在浙江前线的两江总督伊里布，暗示其不要以武力对付侵略者。其实，伊里布根本没有与英军作战的意思，11月6日他与懿律达成了屈辱的停战协定，使英军从容地从浙江沿海抽出更多的兵力开赴广东。11月底，琦善到达广州。琦善意在求和，未将筹防之事放在心上。与义律谈判中，琦善依靠的是英国大鸦片贩子颠地的买办鲍鹏。对于义律提出的种种侵略要求，琦善一一答应，只是对割让香港一事表示不敢做主，要请示道光皇帝，或含糊其辞，不做正面答复。为了逼迫琦善就范，英军武力攻占虎门的第一重门户——大角、沙角炮台，在香港单方面发布文告，诡称已与琦善达成《穿鼻草约》，内容包括中方答应割让香港，赔偿烟价六百万元，恢复广州通商等。1841年1月26日，英军在没有任何条约根据的情况下，正式占领中国的香港。道光皇帝接到广东巡抚怡良等弹劾琦善的奏折后大怒，令将琦善革职锁拿进京。战争的第一阶段以“抚夷”失败告终。

鸦片战争的第二个阶段，从1841年1月27日清政府对英宣战开始，到5月27日《广州和约》签订为止，整整4个月的时间。英军攻占大角、沙角炮台之前，道光皇帝屡次接到琦善从广东发来的奏报，知英军贪得无厌、气焰嚣张，“抚夷”的政策开始转变。沙角、大角战败，道光皇帝决计主“剿”，调派援军一万七千余人，任命皇侄奕山为靖逆将军，湖南提督杨芳等为参赞大臣，率军开赴广东与英军作战。并要求伊里布克日进兵，收复定海。杨芳3月5日到达广州，仍希图以“抚”为主，道光皇帝闻之将杨芳交部严加议处。直到4月14日，奕山才带兵来到广州，在道光皇帝严旨督促之下草草筹备战事。

杨芳抵达广州之前，英军舰队已驶往虎门炮台一带集结。2月26日，英军攻破虎门第二重门户横挡一线炮台，亲守靖远炮台的62岁老将关天培，率将士殊死战斗，壮烈牺牲，诸炮台相继陷落，虎门天险沦入敌手。接着，英军上溯珠江，攻下诸炮台，兵临广州城下。奕山盲目出击未果，便在广州城上竖起白旗，命广州知府余保纯出城向英军乞降。5月27日奕山接受了英军提出的全

部屈辱条件，签订了《广州和约》，主要内容是：清军于六日内退至广州城外六十里的地方；一周内中方缴纳“赎城费”六百万元，赎城费付清后英军撤出虎门。此外，中方还须于一周内赔偿英国被焚商馆等处损失三十万元。待清军撤到广州城外并将赎城费大体交清后，英军交还各炮台，退往香港。大败后的奕山，却向道光皇帝谎称大胜，将自己的乞降说成敌人乞求通商，把赔款说成向英方交商欠。而道光皇帝未加深究，以“该夷性等犬羊，不值与之计较”之类的昏话，批准了《广州和约》。同时批准奕山撤回广东援军的请求，谕令其他沿海省份的将军督抚：“现在广东夷船，经奕山等叠次焚击，业已退出虎门”，“各省调防官兵可酌量裁撤”。清政府上下之腐败，再一次暴露无遗。

鸦片战争的第三个阶段从1841年8月英国扩大侵略战争开始，到1842年8月29日《南京条约》签订为止，历时一年。1841年5月，英国政府得知有关所谓《穿鼻草约》的信息，认为不仅所得权益太少，也不像正式签订了条约。于是，英国政府决定撤换义律，派璞鼎查为全权公使，扩大对华侵略战争。当年8月，璞鼎查来到澳门，命英军一部留守香港外，率军北上，进攻厦门。奉道光皇帝谕旨不得不着手撤兵的闽浙总督颜伯焘与守军五千余人大部溃逃，总兵江继芸力战牺牲，厦门陷落。接到厦门失守的消息，道光皇帝才急忙下令沿海各省停止撤兵，加强防御。英军主力继续北上进攻定海，葛云飞、郑国鸿、王锡朋三总兵率军英勇抵抗，以身殉国，10月1日定海再度陷落。英军转攻镇海，清军亦败，钦差大臣裕谦坚决抵抗，兵败后投水身亡；浙江提督余步云临阵脱逃。

为了组织收复失地，道光皇帝于10月18日任命协办大学士奕经（道光皇帝堂侄）为扬威将军前往浙江，并从各省调集军队。奕经出京后，一路上游山玩水，到处勒索，花天酒地，寻欢作乐，历时三个半月，1842年2月才到达浙江绍兴。奕经仓促出击，分三路进攻宁波、镇海、定海的英军，以图侥幸取胜，结果三路皆败。英军乘势进攻慈溪，清军再次大败，奕经等逃回杭州从此不敢言战。1842年3月，浙江巡抚刘韵珂，向道光皇帝上了一个全面分析战局的奏折，提出了十项“深可焦虑”之事，因而该折亦称“十可虑”折。折中指出，清军连遭败绩，锐气全消且近省已无兵可调。英军炮火猛烈，我方无制敌之术。

尤可注意的是，国内形势不稳，一些“不逞之徒”随时可能揭竿而起。道光皇帝深感刘韵珂所言“俱系实在情况”，主战的意志开始动摇，他派耆英为钦差大臣署理杭州将军，并起用已被革职的伊里布，一同赴浙江办理交涉。

1842 年 5 月，英军集中兵力攻打长江流域。6 月攻打吴淞炮台，江南提督陈化成英勇抵抗，以身殉职，而两江总督牛鉴则逃遁，宝山、上海陷落。7 月中旬，英军大举进攻镇江，受到以副都统海龄为首的爱国官兵的拼死抵抗，英军遭遇重创，镇江失守，海龄殉难。道光皇帝密谕耆英求和，答应中英“平等”交往，割让香港，开放通商口岸。1842 年 8 月 29 日清政府代表耆英、伊里布，与英国订立了屈辱的中英《南京条约》，鸦片战争以中国的失败而告终。

（三）中国人民的英勇抗争

中英之间的战争以清政府向敌人的屈辱投降宣告结束，充分暴露出清政府和广东地方当局的怯懦和无能，与腐败无能的清政府形成鲜明对照的是，英勇的中国人民绝不甘心遭受西方殖民者的欺侮，进行了顽强的斗争，书写了中国人民反对外国资本主义侵略的光辉历史。

1838 年 12 月 12 日，广州地方官处决一名中国烟贩。英美鸦片贩子公然干涉中国内政，捣乱刑场。广州近万人自动集合起来，举行了大示威，包围洋馆，抗议殖民者的无理举动。侵略者惊呼这是“空前的暴动”。1839 年 3 月后，林则徐在广州禁烟，广州人民与侵略者的破坏活动进行了斗争。洋馆中雇佣的二百多名中国工人自动包围洋馆，截堵义律和企图逃跑的英国烟贩，令殖民者胆颤心惊。1839 年 7 月，林维喜事件发生后，人民群众响应林则徐的号召，断绝了对英人的一切粮水等供应，并在沿岸的水井中投毒，使英国侵略者难以得到新鲜食物与淡水。

鸦片战争爆发后，英国侵略者北上的过程中，到处受到中国人民的反抗。英军攻陷定海后，缺乏粮食，一名买办下乡采买，被当地农民捉拿。城里的居民纷纷迁出，渔民与农民也大批迁往内地。英国的一个侵华军官写道：定海连一个人影也看不见,成千上万的人已经离城而去,没有新

鲜的食物,城的附近看不见公鸡和母鸡。就是听到一声鸟叫，也难得再叫了。

1840年9月15日，一艘英船侵入浙江慈溪县海面，并派兵登陆。乡勇迎头痛击，打死英兵七名，活捉四名。该英船窜至余姚县近海，被中国巡船诱至浅滩沉陷，渔民与盐丁、兵勇一起，经激战生擒英人二十二名。9月25日，三只英船到崇明岛抢掠，农民诱敌至稻田间，毙敌两名。这些零星的战斗，自然无补于大局，但说明在人民群众中蕴藏着强大的力量。

鸦片战争前后，广东是侵略者最先涉足的地方，也是人民反侵略斗争最主要的战场，其中三元里人民的抗英斗争，更是震惊中外。三元里，位于广州北郊，是严重遭受英军的侵略暴行损害的地方，当地民众对英国侵略军十分痛恨。1841年5月29日，一队英军到三元里一带抢劫，调戏妇女，当地居民奋起反击，打死几名英军，其余仓皇逃走。还将英军困在牛栏岗，展开肉搏战，英军伤亡惨重。为了抵抗英军的报复，同时更为了反抗英国的侵略，三元里人民决心集会誓师，团结抗敌，全村男女老少在三元古庙集合，以三星旗为令旗，“旗进人进，旗退人退”，同时还联络了附近的数千农民和手工业者，手持大刀、长矛，冒雨迎敌。5月30日清晨，几千群众围住英军驻扎的四方炮台，把敌人引诱到牛栏岗。当英军进入群众预设的埋伏圈时，埋伏好的近万名群众冲杀出来，与敌人肉搏。附近103乡的数万群众也赶来助战，顷刻间喊杀声震荡山谷。午后，大雨骤至，广大群众乘天时地利，愈战愈勇，而英军则因火药受潮，枪炮失灵，死伤近五十名。广州附近佛山、番禺、南海、增城等县四百余乡义勇和十多万群众赶来与三元里人民在一起，将四方炮台层层包围。面对民众的反抗浪潮，英军总司令传话给当地长官余保纯，宣称如果不解除义勇包围，主力英军将攻打并尽屠广州城。迫于英国政府的压力，余保纯最后劝退民众。事后，义律在贴出的告示中竟然大言不惭地说，此次系大英官宪宽容，警告当地百姓“后毋再犯”。当地民众立即张贴文告，痛斥英国殖民者。文告说：“其时我乡义民，约齐数百乡村，同时奋勇，灭尽尔等畜类。尔若果有能，就不该转求广州府，苦劝我们义民，使之罢兵。今各乡义民既饶尔等之命，尔又妄自尊大，出此不通告示……尔妄言宽容，试思谁宽容谁?”我们义民“不用官兵，不用国帑，自己出力，杀尽尔等猪狗，方消我各乡惨毒之害也”，否则，“便非顶天立

地男子汉”!

三元里人民的抗英斗争，是中国民众力量的一次大爆发。三元里人民的抗英斗争取得了重大胜利，是近代中国人民第一次大规模的反侵略斗争，沉重打击了英国侵略者，成为近代中国人民高亢的爱国主义战歌的序曲。三元里抗英后，广东人民又以“社学”形式，组织武装力量，在此后数年里相继开展了烧毁洋馆、反租河南地、驱逐广州知府刘浔、黄竹岐案以及反英人入城等持续的反侵略斗争，坚定不移地打击外国侵略者。

包括下层知识分子在内的广大民众，对清政府妥协误国也愤恨已极。广州的一篇告示中说：“前者我之百姓，在北门之外攻击英逆……吾等用命剿灭逆夷，无非尔等官军袖手旁观哉？要尔何用？秽臭万年也!”后来广州知府余保纯主持考试，文童罢考，并当众羞辱那些只知邀功请赏并不认真抗敌的县官们。广东原有一句民谣，“百姓怕官，官怕洋鬼”，后演变成“官怕洋鬼，洋鬼怕百姓”。三元里斗争的意义，并非仅在于打死打伤英国侵略者数十人，更重要的是向世人表示：尽管清朝政府当局软弱无能，在侵略者面前妥协投降，但广大人民群众是决不屈服的，他们以自己的行动显示了大无畏的英雄气概及与敌人血战到底的决心。

除广东人民外，在鸦片战争期间，中国东南沿海许多地区的广大人民群众都积极投身于反侵略斗争，尽管清政府对人民的反抗侵略行动进行镇压，闽、浙、台的人民反侵略斗争仍接连不断。福建厦门的清军撤走后，一支民众武装四处杀伤敌人，使英军不得不退居鼓浪屿。浙江宁波民众组织了黑水党，分头埋伏在城乡内外，并在江中置备八桨小艇多艘，经常在夜间狙击英军。宁波人民散发传单，号召“大家公议，各自为主，或一人而聚数十人，或一人而聚数百人，以至数千人，或数万人，愈多愈好。或用暗计，或用明攻，总要把红毛夷人除灭，不在浙省滋闹”。1842 年 6 月，定海县三十六岙民众立誓订盟，决心在反侵略斗争中，“一次无成，二次再举。水战不胜，陆战再图。明不得手，暗可施谋”。1842 年 6 月至 8 月，英军进攻长江下游时，沿岸人民自发组织抗英武装，多达十几万人。靖江人民以锄头、石块对付侵略军的骚扰。瓜洲、仪征一带的盐民也自发

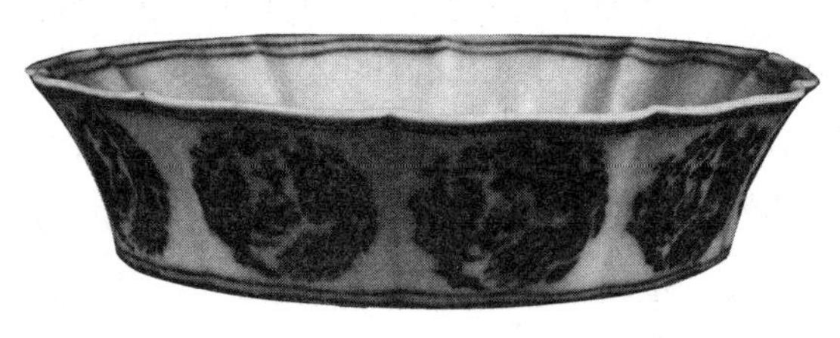

地组织起来，袭击侵略者。镇江失陷后，沿江人民不断在夜间施放火筏焚烧英船，偷袭敌人。

《南京条约》签订后，沿海地区的中国人民反抗殖民主义者的斗争接连不断，其中规模最大、持续时间最长的广州人民的反入城斗争最为引人注目。鸦片战争之前，外国商人来华贸易，一向在广州城外珠江边上的洋馆居住。《南京条约》签订后，英国殖民者要求进入广州城进行贸易。1844 年、1845 年，英国殖民者多次提出进入广州城未果。1846 年 1 月，香港总督兼驻华公使德庇时胁迫两广总督耆英及广东巡抚黄恩彤贴出准许英人入城的告示，被气愤的群众撕毁。耆英派广州知府与英人密定入城日期，激愤的数千民众攻入知府衙门，知府刘浔吓得翻墙逃走。广东番禺乡民声明："若番鬼尽出，与我乡内厮杀，番禺合县统众，尽杀斯鬼，烧其洋楼，令其无容身之地。"1847 年 4 月，德庇时率军闯入内河，耆英慑于压力表示同意英人入广州城，但鉴于广东民情浮动，应允英方两年后入城。1849 年 2 月，英国新任驻华公使文翰要求新任两广总督徐广缙履行前约准英人进城。广州人民闻讯后，在社学组织下迅速形成十几万人的队伍，加强操练。徐广缙见众志成城、众怒难犯，便照会文翰拒绝英人入城。文翰率兵至虎门，但慑于十几万激愤的中国民众，只得退出，并于 4 月 1 日照会徐广缙，表示放弃入城要求。

鸦片战争之后，英国殖民者还曲解《虎门条约》有关条文，妄图在广州强租土地房屋。1847 年，德庇时向耆英提出强租广州黄埔、河南等地。5 月中旬，德庇时派人到广州河南丈量土地，河南当地 48 乡的民众集会抗议，广州城乡民众遍贴传单，支持广州河南人民的正义斗争。英国殖民者转而要求租借石围塘，广州河南等地乡民又起而声援石围塘民众的反抗斗争。从 1848 年到 1854 年，英方又多次提出租借长洲，清政府的地方官在民众反抗斗争的压力之下，未敢应允。

中国人民的抗英斗争展现出广泛的群众基础和巨大的威力，以浩然正气沉重地打击了外国侵略者，表明了中国人民敢于同侵略者斗争的英雄气概，也增强了中国人民反对外国侵略的信心，谱写了中国人民反侵略斗争的光辉篇章。

四、鸦片战争的结果及影响

（一）战败原因

鸦片战争是中国抗击西方资本主义列强的第一次战争。英军以较少的兵力、较小的代价取得了胜利。中英两国实力悬殊是导致中国在战争中落败的客观原因。鸦片战争爆发前夕，作为世界资本主义发祥地的英国经过工业革命的洗礼，已经发展成为当时世界上最强大的资本主义工业国家。而18世纪末清王朝已经走上了衰败的道路，19世纪，嘉庆、道光王朝更是呈江河日下之势，这个没落的封建帝国，没有机器工业，农业和手工业生产长期停滞不前，政治反动腐败，国内阶级矛盾日益尖锐。在军事领域中，清王朝的八旗军武器装备陈旧，仍以冷兵器为主，缺少枪、炮等先进的热兵器，军事作战思想、方法和技术十分落后；八旗官兵长时期养尊处优，懒于训练，军心涣散，纪律松弛；将帅素质低下，军事思想保守落后，不会组织、指挥打仗，已经堕落腐化，丧失了战斗力。无论是政治、经济还是军事方面都无法与英国相匹敌，这一客观现实导致了战争的失败。

在主观上主要是清政府的腐败无能。由于政治腐败，中国封建社会制度到了19世纪30年代，更加没落腐朽，不仅经济停滞，十分落后，削弱了战争赖以取胜的经济基础，而且整个统治集团内部弥漫着享乐苟安、贪污腐化的气息。随着鸦片的输入，统治集团中的大部分人越来越依赖这种毒品，过着荒淫无度的寄生生活。他们既接受内外烟贩的收买，又依赖这种毒品的走私，从中取得利益。有些走私船，公然插着两广总督或粤海关监督的旗号，威风十足地从零丁洋驶进广州。清廷的贵族大臣，则从广东和沿海官吏那里获得丰厚的贿赂。就连皇帝也收取大量的西洋奇珍，成为这种“通商”关系里最大的受益者。因此，在禁烟与反禁烟、战与和的问题上，

他们始终摇摆不定，在整个战争中，始终没有坚定的方针。从皇帝到将军、督、抚，战守无策，没有切合实际的作战方法。当战争受挫时，他们立刻求和；和议不成，又空喊作战。当议和投降比打仗有利于维系摇摇欲坠的反动统治时，他们就屈辱投降。

政治上的反动和腐朽，军事上的无能和腐败，致使辽阔绵长的中国海岸线长期疏于战备，有边无防。许多地区的守军，远远看见敌军即开炮轰击，未等敌军靠近，便一哄而散，逃之夭夭，甚至举起白旗投降。而以林则徐、邓廷桢为首的抵抗派在反抗英国侵略者的斗争中虽有决心、有成果，但他们最终受到投降派的排挤打击，“徒有救国之志，而无尺寸之权”。任用投降主义分子耆英、伊里布等去抵抗侵略者，无疑是缘木求鱼。

另外，清政府的封闭狭隘、对英政策摇摆不定是战争迅速失败的重要主观原因。长期以来执行闭关锁国政策的清政府一直以“天朝大国”自诩，视外国为“蛮夷”，根本无视国外先进思想、科学技术以及国力的发展，对西欧资本主义列强的社会制度、经济实力和军队状况等方面一无所知，也根本没有认识到英军侵华的真正意图，因此在对英政策选择上表现为由“抚夷”到“主剿”再到“议抚”的摇摆不定，这种和战不决的动摇态度导致没有坚定的战略思想，无法鼓舞士气、激励人心，在战术上也不讲治兵之道，主观随意，没有提出切合实际的战略方针和作战原则，最终军事上的溃败也是必然的事实。

此外，脱离民众、反对甚至镇压民众的反侵略运动，是清政府在战争中失败的另一重要主观原因。在反对英国侵略的战争中，清朝政府的反动性决定其不可能广泛地动员、组织民众，单纯依靠战斗力十分有限的军队作战。对当时中国人民自发地组织起来的抗击侵略者的斗争，清政府采取的却是反对、破坏、镇压的态度和做法，反动、腐朽的政府对人民斗争的恐惧注定了其不可能取得反侵略战争的胜利。

（二）第一批不平等条约的签订

第一次鸦片战争的失败，带来的一个直接后果就是中国政府被迫与侵略者签订了一批不平等条约。1842 年 8 月 29 日，代表清政府办理妥协交涉的耆英、伊里布在英国侵略军的胁迫下，于停泊在南京江面上的英国军舰“皋华丽”上，接受英国提出的所有议和条款，订立了中国近代史上第一个不平等条约——《南京条约》（又称《江宁条约》或《白门条约》）。《南京条约》共有 13 款，其主要内容有：

1. 中国将香港全岛割让给英国。香港拥有广阔的港口，给水充足，易于防守。自第一次鸦片战争后，香港由英国人统治，成了英国殖民主义者进一步侵略中国的一个重要基地。

2. 中国赔偿英国鸦片烟费六百万元，商欠三百万元，军费一千二百万元，总计二千一百万元（广州赎城费六百万元不算在内）。这笔巨额费用大体相当于当时清政府年度财政收入的三分之一。

3. 开放广州、福州、厦门、宁波、上海五处为通商口岸。英国在五处通商口岸有权派驻领事等官员。废除“公行”制度，英国商人可以自由通商贸易。从此，中国东南沿海各省门户洞开，中国对外贸易的主权失去保障。

4. 条约规定，此后英国商人“应纳进口出口货税、饷费，均宜秉公议定则例”。这就开了关税协定的先河，中国的海关自主权遭到严重破坏。

《南京条约》签订后，为议定关税税率及其他有关问题，中英双方在广东继续进行谈判。1843 年 10 月，璞鼎查又强迫清政府签订中英《五口通商章程》及《五口通商附粘善后条款》（亦称《虎门条约》或《虎门附约》）作为《南京条约》的补充条款。据此英国又从中国攫取如下特权：

1. 领事裁判权。《五口通商章程》规定，中国人和英国侨民交涉词讼，“英人如何科罪，由英国议定章程、法律，交给

管事官（即英国领事）照办”。这就是说英国侵略者可以在中国为所欲为，而不受中国法律的制裁。中国的司法主权受到严重损害。

2. 片面最惠国待遇。最惠国待遇应该是缔约国双方或多方的对等权利。但在中英不平等条约里，却只规定了缔约外国片面享受最惠国待遇。《虎门条约》规定，中国将来如“有新恩施及各国，亦应准英人一体均沾”。这就是说，以后中国给予其他国家的任何特权英国都可以同样享受。后来，中美、中法签订的不平等条约中，亦有同样规定。这样，各国侵略者结成了共同侵华的伙伴关系。

3.《虎门条约》还准许英国人在五处通商口岸租地造屋，永久居住。其后，外国侵略者利用这一特权，并恣意引申，在通商口岸建立租界，并将其发展成为“国中之国”。

4.《五口通商章程》中还附有《海关税则》。该税则极力压低中国的关税率，将其减少到5%左右。根据这个税则，中国主要进口货物如棉花、棉纱、棉布等，较以前粤海关实征的税率降低58.45%到78.64%。这种低关税率，为外国资本主义对华经济侵略提供了极为有利的条件，也使中国海关无力保护本国农业及工商业发展。

5. 通过《虎门条约》，英国还取得了其军舰自由进入通商口岸的权力。条约规定：“凡通商五港口，必有英国官船一只在彼湾泊，以便将货船上水手严行约束，该管事官亦即借以约束英商及属国商人。”约束英国商人是假，用武力向清政府施加压力才是真的。

根据条约，广州于1843年7月27日开放，厦门于1843年11月2日开放，上海于1843年11月17日开放，宁波于1844年1月1日开放，福州于1844年6月30日开放。应该指出，通商口岸的开放本身并不是一件坏事，问题是西方殖民主义者强加给中国人民许多有利于西方侵略中国的附加条件，这就决定了中国近代化的道路无比坎坷。

《南京条约》是近代西方资本主义国家强加在中国人民身上的第一个不平等条约。英国以武力侵略的方式迫使中国接受其各项要求，这就使中国丧失了作为主权国家的独立地位。中国香港沦于英国的殖民统治之下，严重破坏了中国的领土完整，中国也丧失了关税自主权和贸易主权，中国传统的闭关政策失

去了存在的客观基础，大批外国商品经五口进入中国市场，极大地便利了外商在中国的产品倾销活动，中国海关也从此失去保护本国工商业生产的作用，大大便利了外国资本主义在中国的扩张。巨额赔款加重了清政府的财政负担，进而转嫁到劳动人民的身上，使他们的生活更加艰苦，而且开创了侵略者向中国勒索战争赔款的先例。《南京条约》签订后，西方列强相继强迫清政府签订了一系列不平等条约。从此，中国逐步沦为半殖民地半封建社会。

《南京条约》签订后，美国趁火打劫，派顾盛率领军舰来华，强迫清政府于1844年7月3日在澳门界墙以北的望厦村，签订中美《望厦条约》。该条约共34款，规定美国享有《南京条约》及其附约中除割地、赔款外的全部特权，还取得了下列特权：

1. 加强协定关税权。规定："倘中国日后欲将税率更变，须与合众国领事等官议允。"即必须得到美国领事的同意才能变更关税税率，中国的关税自主权自此落到外国侵略者手中。

2. 扩大了领事裁判权的范围。规定此后凡美国人与中国人之间的民事、刑事案件，或美国人与任何外国侨民在中国发生诉讼，都交由美国领事审理，"中国官员均不得过问"，进一步扩大了领事裁判权的范围，使中国的司法主权遭到严重破坏。

3. 美国贸易船只可以自由驶入中国通商口岸，中国"无从管辖"，兵船可以至中国各港口"巡查贸易"。

4. 关于片面最惠国待遇，规定中国"另有利益及于各国，合众国民人应一体均沾"。此外，还规定美国在通商口岸可以建立教堂、医院，便于其进行文化侵略。并规定十二年后可以"变通"条约。签约后顾盛在给美国政府的报告中说得极为坦率："美国及其他国家，必须感谢英国，因为它订立的《南京条约》开放了中国的门户。但现在，英国和其他国家，也必须感谢美国，因为我们将这个门户开放得更宽阔了。"

继美国之后，法国政府也派专使拉萼尼带八艘军舰来华进行政治讹诈。1844年10月24日，法国迫使清政府在广州黄埔的法国"阿希默特"号军舰上签订了中法《五口贸易章程》，即《黄埔条约》。条约计36款。在条约中，法国

不仅取得英、美已经取得的各项特权，还迫使清政府准许法国人在五口建造教堂、坟地，要求清政府保护教堂和教士。11 月 11 日，法国政府又援引此条约，强迫清政府取消雍正元年（1723 年）颁布的天主教禁令，准许传教士在通商口岸自由传教。从此，西方各国传教士纷至沓来，一部分传教士披着宗教的外衣，从事政治、经济、文化方面的侵略活动。此后外国宗教势力在中国迅速发展，成为列强侵华的一个组成部分。

英、美、法的行动为列强进一步侵略、奴役中国奠定了基础，也刺激着更多的西方殖民者在“一体均沾”的旗号下纷纷前来。1847 年，瑞典、挪威又与中国签订了不平等条约。鸦片战争后，沙皇俄国也乘机加紧对中国的侵略。1843 年起，沙俄不断以“探险”、“科学考察”为名，潜入中国黑龙江流域，勘察航道，窃取情报。1847 年 9 月，早就决心武力吞并黑龙江、夺取太平洋出海口的尼古拉一世，任命穆拉维约夫为东西伯利亚总督，为侵华行动做准备。1850 年 8 月，沙俄强占我国黑龙江口重镇庙街，并用沙皇的名字将庙街命名为尼古拉耶夫斯克。到 1853 年，沙俄先后强占了黑龙江下游的奇集湖、哈吉湾、阔吞屯和库页岛南端，已逐渐把黑龙江下游广大地区置于其军事控制之下。沙俄的侵略活动也在中国的西部进行。1851 年 8 月，沙俄强迫清政府签订了《伊犁塔尔巴哈台通商章程》。其主要内容是：开放伊犁和塔城对俄通商；给予俄商在伊犁、塔城修建住房、货栈及免税贸易等特权；俄国可派领事管理贸易事务，若俄商违反当地规章制度即交俄罗斯贸易官员究办。沙俄凭此条约打开了中国西北地区的大门。

第一批不平等条约签订的史实，证明了西方这些所谓“文明”国家的贪婪、狡诈与卑鄙，也表现出了清政府的腐败、软弱与愚昧。令人深感气愤的是，清政府并没有把不平等条约的签订看成是军事上与外交上的一次重大失败，反而认为签约的结果避免了战争与麻烦，是“天朝”值得庆幸的事。这无疑预示着在以后的历史发展中，中国人民还要付出更大的代价，经受更加痛苦的磨难。

鸦片战争是英国为实现其侵华目的而开创的一个罪恶的先例，通过发动战争，以武力威胁清政府签订不平等条约，获得侵略权益，这种做法又为其他资

本主义国家所效仿，强加在中国人民头上一系列不平等条约，帝国主义列强在华利益不断扩大，这对中国造成了严重的危害。鸦片战争使中国失去了政治上的独立主权；促成了中国自给自足自然经济体制的瓦解，日益成为世界资本主义的附庸。鸦片战争后，外国资本主义同中国的封建势力勾结在一起，对中国民众进行残酷的剥削和压迫，外国资本主义同中华民族的矛盾日益上升为中国社会的另一主要矛盾。从此中国人民肩负反对外国资本主义侵略和反对本国封建主义统治的双重革命重任。中国开始沦为半殖民地半封建社会。

（三）经世致用社会思潮的兴起

鸦片战争前后，内忧外患纷至沓来，封建社会危机四伏。忧患意识和历史责任感，促使一批政治眼光比较敏锐的封建知识分子，进一步去探索和寻找中国社会摆脱困境与危机的良策。他们以传统经学为依托，以匡时救世为己任，对内主张整饬吏治，改革弊政；对外提倡学习西技，抵抗侵略，从而在地主阶级中形成一股经世致用的社会思潮。代表人物大约有二三十人，他们是：阮元、陶澍、贺长龄、林则徐、魏源、徐继畬、黄爵滋、包世臣、姚莹、梁廷楠等。

这些经世思想家们以治国平天下自许，以挽救民族危亡为己任，或撰写政论时文，研究现实问题；或研求治国大政，倡言变革之法；或潜心于舆地术数，从事致用学问。总之，他们治学议政的最主要目的是讲求实事、实功、实效，注重解决所面临的各种与国计民生有关的实务。鸦片战争前后，经世思想家们对清朝衰世的种种黑暗现实进行了无情的针砭和尖锐的批判。指出清王朝的统治在道光年间已由“人功精英”、“府于京师”的早时盛世，变为“日之将夕，悲风骤至”的昏时衰世。政治上，他们首先声讨了当时吏治的腐败，斥责那些当权的官僚士大夫都是些只会搞裙带关系、只懂得献媚邀宠的无耻之流。抨击朝廷上下的文武官员，在严重的社会危机下，只知道粉饰太平，却无人关心时政，把矛头指向封建专制统治。经济上，他们指出由于土地兼并而导致的贫富不均日益严重，“豪强兼

并……无田者半天下”，“自京师始，概乎四方，大抵富户变贫户，贫户变饿者”，可清王朝还“开捐例，加赋、加盐价”，真无异乎自啖己肉，自取灭亡。文化上，他们谴责科举制度，认为学子们毕生用功的八股文，千篇一律，空洞无物，不仅对现实政治毫无用处，还压制了人才的成长。此外，他们还对当时社会风气的败坏，无情地进行了鞭挞。可见，鸦片战争前后，经世思想家们对现实的批判既尖锐又深刻，他们希望借此唤醒统治者，催促他们进行改革。竞相提出了一些补救时弊的方案，如刷新吏治、惩治贪污、整饬军备等。

鸦片战争前后的经世思想是在中国由中世纪走向近代的社会转型时期出现的。一方面，天崩地裂的社会大动荡促使经世思想家们在封建社会内部积极谋求营救之方；另一方面，西方侵略者的频频叩关，也逼迫他们从一个与世隔绝已久的封闭体中探出头来，认识对手，开眼看世界。经过鸦片战争一番残酷的血和火的洗礼之后，经世思想家们意识到了中西武备方面的差距，意味着他们已经走出蒙昧主义的误区，成为最先了解西方、学习西方的开风气者。经世思想家们能够勇于承认战败的事实，力求知己知彼，探讨抵抗侵略、报仇雪耻的办法。他们敏锐地感受到侵略者的坚船利炮，不是用夷夏之防观念就可以应付的，于是，才有了师夷长技以制夷的耿耿之想。这样，在他们的身体力行和深情呼唤下，当时的中国学术思想界就出现了一批研究世界史地和西方坚船利炮的著作，形成了蔚为大观的竞相追求海外新知的盛况。

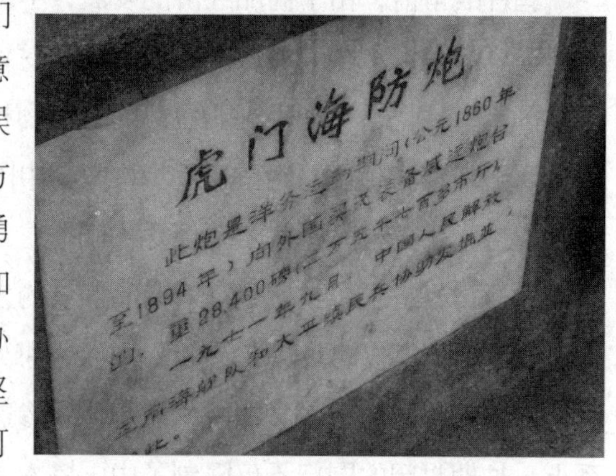

鸦片战争前后地主阶级的经世致用思想，是在中国社会交替时期思想界出现的一大进步。它打破了“万马齐喑”的沉闷风气，初创了“开眼看世界”的全新观念，迈出了向西方国家探寻真理的步伐，充当了中国近代社会思想启蒙的先驱，并对后世产生了重大而深远的影响。它改变了中国知识分子的见解和认识，促进了中国新思想的萌芽，从此以后，寻求强国御侮之道的爱国知识分子开始注目世界，探索新知，他们倡导新思想，介绍新知识，对后来的思想界产生了深远影响。

五、鸦片战争与中国的近代化

鸦片战争是世界资本主义向外扩张，开拓殖民地和海外市场的必然产物，中国的战败，导致了中国历史上第一批不平等条约的签订，中国社会发生了根本性的变化。

（一）强制中国改变社会自身的运动方向

鸦片战争前，由于商品经济的发展，中国封建社会内部已经孕育了资本主义萌芽。带有资本主义性质的手工工场在封建的小手工业基础上发展起来；农产品日益商品化，作为手工业原料的农作物种植，开始从自给自足的生产状态中分离出来，商品性的比重也逐步增长。中国社会正在遵循社会发展的共同规律，由封建社会向资本主义社会缓慢前进。

然而，经济上，自然经济对商品经济的发展有很大的消极抵制力量；政治上，高度中央集权的封建专制主义可以利用政治力量限制和打击资本主义萌芽；文化上，完整的封建主义的文化思想体系渗透到社会生活的各个领域；对外关系上，长期封闭的国门不仅限制了中国资本主义的发展，而且使西方社会变革之风无法吹入中国。这一切使得资本主义萌芽始终没有发展成为破坏封建制度、建立资本主义制度的力量。正当资本主义萌芽艰难成长之时，西方资本主义国家用重炮轰开了中国的大门，强制中国改变社会自身的运动方向。中国被拖进了半殖民地半封建社会的泥坑，近代中国的历史画卷也正是从这里开始的。西方的资本主义势力使中国的资本主义萌芽遭到扼杀，同时，在一定程度上又起着瓦解中国封建生产方式的作用。鸦片战争的失败，丧权辱国条约的签订，惊醒了处在“天

朝上国”迷梦中的清政府。部分封建统治者企图借用西方的科技来挽救封建统治。19 世纪 60 年代洋务运动兴起，出于政治动机，以抵御外侮为目的，虽然被封建官府垄断，但由于采用了西方的机器和技艺，比较普遍地利用雇佣劳动，使这些官办企业具有某些资本主义因素。这样，开始沦为半殖民地的中国，为了“制夷”的需要，不能走正常发展的资本主义道路，只能以创办军事工业作为近代化的起步。军事工业的创办，在客观上对中国社会经济的发展和资本主义民用企业的产生起到了一定的促进作用。

侵略者并不希望中国沿着独立富强的道路发展资本主义，但是，事物发展过程中的客观作用并不是以侵略者的主观愿望为转移的。中国近代资本主义的产生和发展，不是原先资本主义萌芽缓慢发展的结果，而是在外国资本主义的打击下，在“一夜之间”嫁接成功的，促进和阻碍是外国资本主义利剑的两面。

（二）为资本主义发展创造某些客观条件

封建社会以农业作为社会主要生产部门，“男耕女织”的传统生产方式沿袭了几千年。鸦片战争后，外国资本主义侵入中国，中国传统的自然经济受到严重的冲击，以英国为首的西方资本主义国家，利用政治经济特权，立即掀起了一个向中国倾销商品的狂潮。中国沿海和长江下游一些地区原有的农村家庭手

工业和城镇手工业受到强烈的冲击，引起自然经济的解体。西方资产阶级在对华倾销商品的同时，加紧掠夺中国农产品和工业原料，其中丝、茶两项的出口量飞速增长。一方面扩大了部分地区农业生产中商品经济作物的比重，另一方面又必然导致农业经济自给自足比重的缩小。丝、茶等的出口贸易，几乎全部为外商所操纵，他们支配着数量和价格，使中国农业生产服从于世界资本主义市场的需要，中国开始成为外国资本主义的原料供应地。这是中国封建的自然经济开始解体的又一个重要标志。

这表明，战后中国社会的经济结构发生了变化，中国的商品生产被迫卷入世界资本主义市场，并成为它的附庸。这种变化深深地打上了半殖民地经济的烙印，呈现出一种畸形状态。

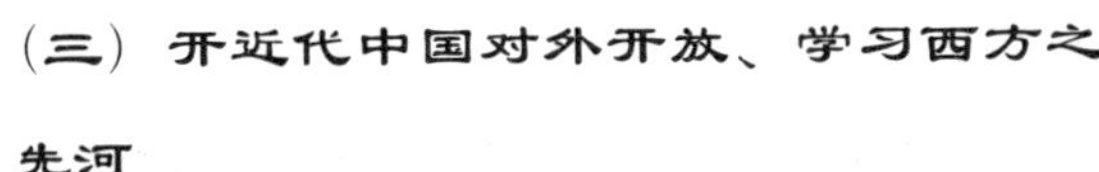

（三）开近代中国对外开放、学习西方之先河

鸦片战争前，西方国家已有近二百年的资本主义发展史。可是，以“天朝上国”自许的清政府，对世界形势懵然无知，使中华民族长期隔绝在世界潮流之外。一班封建士大夫“不谙夷情，震于英吉利之名，而实不知其来历”。鸦片战争后，中国丧权辱国的结局说明了对世界形势的无知。在无情的鸦片战争的硝烟中，政府官员与知识分子中的开明人士，突破憎恶与畏惧的消极狭隘观念，开眼看世界，寻求有关世界各国的新知识，从对比中找差距，寻找救国救民的自强制夷之策。

鸦片战争成为中国从闭关走向开放的历史转折点。林则徐、魏源等人站在时代的前

列，深切地感觉到“探究夷情”的必要性，提出了一套了解西方、学习西方的自强御侮、安邦治国之策，从而打破了长期固居封闭的以华夏为中心的传统思想体系，标志着鸦片战争后中国人西洋观的重大转折和突破。

首先，承认西方的“长技”，提出学习西方的“长技”用来“制夷”的卓越见解。魏源认为“西洋之长技有三：一曰战舰，二曰火器，三曰养民练兵之法”。他总结了林则徐师夷“长技”思想，明确提出了“师夷长技以制夷”的方针。“夷之长技”，不仅仅指军事技术方面，也包括工商业机械技术方面。这在当时“奇技淫巧”之论很兴盛的中国，无疑是罕见的。“师夷”口号的提出，开创了吸收外来先进文明的风气。中国终于迈出了学习西方长技的第一步。

其次，主张对外贸易。中国在当时因“地大物博”而主张排斥对外贸易，林则徐率先认识到对外贸易的积极方面，他认为对外贸易对“制炮造船”是必要的，对外贸易不但引进了外国的军事技术，所产生的关税收入也是一种新财源。林则徐是中国最先注意到关税收入成为国家的新财源这一问题的人。魏源在鸦片战争失败后，改变了原来的“重本抑末”思想，认为国家应以工商业的发展作为当务之急，应积极地扩大对外贸易，可以输入“洋船、洋炮、火箭、火药”，可以输入有用的“铅、铁、硝、书”等物品，对外国商人应当允许其“多运多销”。这在观念上迈出了对外开放的一步。

再次，介绍和研究西方国情。战后一批介绍西方国情和世界概况的著述如春笋般出现。林则徐的《四洲志》、魏源的《海国图志》是其中的佼佼者。《四洲志》介绍了世界五大洲三十多个国家的域情、国情，对英国议会、美国议会作了客观的介绍，给数千年封建君主专制统治下的中国社会透进了一点外界的民主空气，开近代中国人介绍西方资产阶级民主政治的先河。《海国图志》对西方各国情况作了比较系统的介绍，是当时人们了解外国的历史、地理、军事和日用科学技术的一部“百科全书”。这批著作让中国人在密封的暗室里打开了

一个观看世界的窗口，为近代中国人提供了接触西方的先进知识、了解西方世界的有效机会，为中国早期的近代化提供了可贵的思想准备。从闭目塞听到主张学习，这无疑是中国人西洋观念的一个巨大转变，毛泽东曾说过：“自从1840年鸦片战争失败那时起，先进的中国人，经过千辛万苦，向西方国家寻找真理。”他们的尝试、他们的言行，都代表了一股新的潮流，在思想界开拓了一片新的天地。

鸦片战争的失败，西方国家的侵略，给中国带来了严重的灾难，中国社会经济的独立发展受到了严重的阻碍，中国面临着前所未有的民族危机。同时，又唤醒了富有斗争传统的中国人民，促使一代先进的中国人开始了救亡图存的艰苦探寻，对中国近代历史的发展起了催化作用。中国以此为契机走上了近代舞台。这正如马克思所说的：“鸦片没有起催眠作用，反而起了惊醒作用。”

第二次鸦片战争

1856 年，正当太平天国革命风暴席卷长江两岸、清朝封建统治岌岌可危之际，西方资本主义强国——英国、法国在美国、沙俄支持下，联合发动了一场长达四年的侵华战争。这次战争旨在强化和扩大列强在第一次鸦片战争后已经攫取的权益，并使鸦片贸易合法化，其实质是鸦片战争的继续和扩大，因此将这次战争称为第二次鸦片战争。随着更多主权和权益的丧失，中国在半殖民地半封建社会的泥潭里进一步深陷。

一、经济迅增与西方资本主义列强的扩张

1856年，正当太平天国革命风暴席卷长江两岸、清朝封建统治岌岌可危之际，西方资本主义强国——英国、法国在美国、沙俄支持下，联合发动了一场长达四年的侵华战争。这次战争旨在强化和扩大其在第一次鸦片战争后已经攫取的政治、经济、宗教和文化等权益，并使鸦片贸易合法化，其实质是鸦片战争的继续和扩大，因此将这次战争称为第二次鸦片战争。其间，英、法两国公开对华使用武力，美、俄两国则对其积极支持，通过充当“调解人”而渔利。此次战争最终以中国的失败而告结束。英、法、美、俄各国都通过签订不平等条约，使其在中国的权益进一步扩大。中国则随着更多主权和权益的丧失，而在半殖民地半封建社会的泥潭里进一步深陷。英、法等国侵略者继第一次鸦片战争之后，再度发动的新一轮侵华战争，是欧美资本主义进一步发展的必然产物。第一次鸦片战争在英国历史书中称为“通商战争”，称其本来只想和中国平等通商做生意，但中国不答应，才逼得他们动武。中国打不赢，只得接受英国的条件，被迫打开国门。第一次鸦片战争结束后，签订了一系列有利于西方国家的条约，西方资产阶级本以为中国一旦开放，他们工业革命后生产出来的产品便会获得全世界最大的消费市场，“一想到和三万万或四万万人开放贸易，大家好像全都发了疯似的”。但悠久的中国自给自足的自然经济、男耕女织的小农家庭有强大的排斥外来商品的力量，西方的商品难以立即倾销。与此同时，西方国家包括沙俄的经济则在迅速发展，继续扩大商品市场和原料产地，而中国这一广阔的潜在的市场仍然是他们觊觎的目标，加之清王朝在战争中所呈现的衰败，使沙俄看到有可乘之机，伴随其农奴制危机的发生及资本主义的发展，有侵略扩张野心的沙俄开始垂涎中国的领土。

（一）英、法、美扩张愿望的增长

在1842年鸦片战争结束后，英、法、美与中国签订《南京条约》与《黄埔条约》、《望厦条约》，从中国割走了香港岛，并攫取了开埠通商、领事裁判、设立租界、协定关税等特权，西方资本主义列强由此相继侵入中国，但是它们不满足已经取得的特权和利益。尤其在19世纪40、50年代，是世界自由资本主义迅速发展的时代。1848年加利福尼亚金矿和1851年澳大利亚金矿的先后发现，以及殖民地市场的不断扩大，使欧美资本主义国家出现了新的工业高潮。扩大市场成为此时欧美资本主义国家更加迫切的要求，扩大各自在中国的侵略权益成为资本主义列强此时极为强烈的愿望。

19世纪40、50年代，英国的工业革命已经完成，进入到主要依靠机器生产和以机器生产机器的时期，成为全世界的工业中心，其工业生产在世界上居于垄断地位。1855年英国的煤、铁生产量和棉花消费量在全世界占据重要比重，美、德、法、俄四国的这三项总和分别只有英国的46.9%、68.1%和74.5%。工业革命的完成使其生产力水平激增，其对外贸易也大幅度增长，对外贸易额在世界上首屈一指。伴随这种发展，英国必须不断扩大海外市场与原料供应地，以确保其生产能力的维系。在第一次鸦片战争后，英国资产阶级为开辟了一个拥有四亿人口的广阔市场兴奋得发狂，以为能大量销售其产品，获得高额利润。英国在香港所办的《中国邮报》甚至发表社论渲染：“只要中国人每年用一顶棉织睡帽，不必更多，英格兰现在的工厂就已经供应不上了。”但鸦片战争后，由于中国自给自足的自然经济占统治地位，对外国商品具有自然抵制性，加之英国输华商品有不少根本不适应中国人的习惯和要求，而且英国等国大量输入鸦片，使中国出口收入大半被抵消，无力购买英国的工业品，结果，英国棉纺织品和其他工业品在中国销售量有限。英国资产阶级把他们的商品在中国滞销的原因归罪于中国开放的口岸太少，以及他们享受的特权有限。因此，极力想要扩大其在中国的权益，力图在此种对外扩张中谋求出路。

法国的工业革命虽然迟于英国，规模也远远落后，但自19世纪40年代下

半期开始，伴随其向工业革命最后阶段的过渡，其经济迅速发展，尤其是对外贸易额在 1847 年—1856 年间增长了 111%。此时，是法国七月王朝统治和拿破仑三世建立法兰西第二帝国的时代。前者代表金融贵族集团专政，后者代表金融贵族和工业巨头阶层的利益，都推行对外扩张政策，并利用天主教作为对内统治和对外侵略的工具。19 世纪 40 年代以来，法国发动了一系列对外战争，1841 年—1847 年继续挑起对阿尔及利亚的战争；1843 年—1847 年三次对越南进行武装挑衅；1854 年—1855 年伙同英国对俄宣战，参加克里米亚战争，并在上海公开镇压小刀会起义。因此，对外扩张是此时法国的一贯政策，而后来法国与英国联合进行的对华侵略战争，可说是它对外扩张政策的继续。

美国工业起步较晚，但发展较为迅速，到 19 世纪 40 年代，英国人承认美国生产的粗布在中国市场占据绝对优势，成为英国的劲敌。到 1860 年，美国的棉纺织品生产位居世界第二位，仅次于英国。为开拓市场，美国也推行对外扩张政策。1846 年，根据英国的协议瓜分俄勒冈；1846 年—1848 年挑起对墨西哥的战争，夺取了格兰得河以北的大片土地，其面积超过法德两国版图之和；1847 年—1853 年觊觎琉球和台湾；1853 年—1854 年，又用武力胁迫日本放弃闭关政策，向西方资本主义各国开放。此时，美国对打开中国市场也抱有极大的野心。美国总统斐尔摩在 1851 年 12 月 2 日致国会的咨文称：“我们对华的商务万分重要。而且，由于我们太平洋沿岸海口与东亚交通增进的结果，这商务的重要性更日益增加了。”1854 年，美国驻华委员麦莲讲得更清楚，他说：“只有（要）整个内地都开放，中国就会成为美国工业产品最有价值的市场。其价值大于美国现时所有进入的全世界一切市场之总和。”

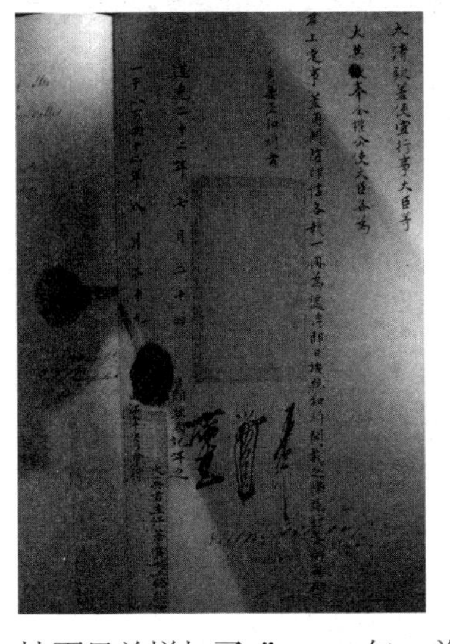
大清钦差便宜行事大臣耆

可以看到，在 1846 年—1856 年间，欧美资本主义各国工业的迅速发展需要有广阔的新市场与之相适应。但实际情况却是，本国市场有限，即使再扩大，扩大速度也远远不能满足其工业迅速发展的要求。因此，进一步掠夺殖民地以扩大国外市场，已经成为欧美资本主义列强共同的强烈愿望。

（二）农奴制危机和资本主义发展中的沙俄扩张野心的剧增

俄国与清王朝之间，自《尼布楚条约》签订到鸦片战争爆发的 150 年间，

基本保持着和平稳定的局面，但是自彼得大帝以来的历代沙皇却从来没有放弃过侵吞我国东北和西北边陲领土的野心，也从来不曾放松过对我国的经济、宗教侵略。以19世纪初至20、30年代为例，沙俄侵略者的足迹就曾闯进库页岛南端、斋桑湖以东、巴尔喀什湖以东以南，以及特穆尔图淖尔（伊塞克湖）一带，或筑垒，或索取赋税，或进行测绘，并唆使俄商冒充中亚商人潜入塔尔克巴哈台（塔城）、伊犁和喀噶尔（喀什）等地牟利、刺探情报。从19世纪30年代起，沙俄更是开始通过中亚向我国输入鸦片。而在鸦片战争以后，曾经有过“康雍乾盛世”的清王朝辉煌不再，且其衰败的态势也在战争中充分暴露，这对不安于现状的沙俄而言是一个绝好的时机，使之不曾真正消除的侵略中国领土的野心逐渐膨胀。

同时，沙俄自身发展中的矛盾也促使其要加紧实行对外扩张的战略。一方面，农奴制危机严重，人民反封建斗争和非俄罗斯民族地区的反抗斗争此起彼伏。1826年—1854年间，就爆发了709次农民起义，平均每年在24次以上。为寻求化解危机的途径以维护贵族农奴主的统治，沙俄政府在极力镇压人民反抗的同时，也力图通过发动对外战争，分散和缓解国内的危机。另一方面，19世纪30年代起沙俄资本主义有了较快的发展，需要更为广阔的市场和原料产地。1845年—1857年间，沙俄的工业生产水平虽然远远低于英、美、德、法等国，但与其自身的发展相比较，可以发现，沙俄机器制造业发展速度很快，在短短十几年间增长二十倍以上。随着手工劳动向机器生产的加紧过渡，资本主义所受的封建农奴制严重束缚的问题日益凸显，加之在与西方工业先进国家的竞争中，工厂主和商人难以获取更多利润。在这种情况下，除希望沙皇“自上而下”进行改革破解内在的束缚外，也迫切要求沙俄政府开疆拓土，以开辟国外特别是亚洲的市场和原料产地。以上两种矛盾的交织，促使沙皇俄国将侵占中国领土的长期预谋变为直接行动。尼古拉一世乘机大大加快了侵华的步伐，一面把夺取黑龙江流域作为远东扩张计划的重点，一面建立新西伯利亚堡垒线，以图鲸吞整个巴尔喀什湖以东以南的我国领土，与此同时，又逼清政府签订《伊犁塔尔巴哈台通商章程》，扩大经济侵略。

二、提出“修约”要求

在欧美资本主义国家积极寻求进一步扩张殖民地的过程中，英、法、美各国越来越不满足于第一次鸦片战争中从中国掠夺到的权益。资本家的生意没做开，就把原因归结为中国开放的口岸还不够，他们在中国享受的特权还太少，于是要求在《南京条约》的基础上签订新的不平等条约。列强积极寻求时机以再次发动战争。恰在此时，中国爆发了太平天国农民战争。在 1851 年后，清政府开始忙于在长江中下游与太平军作战，对于外国的侵略实行消极避让、以和为主的方针。针对这种情况，列强各国认为这是加紧侵略中国的大好时机，开始加紧侵犯中国主权以及进行经济掠夺。

（一）“修约”要求的提出

所谓“修约”，就是要求修改《南京条约》、《黄埔条约》和《望厦条约》，增加新的条款。在《黄埔条约》和《望厦条约》中首先规定“和约一经议定，两国各自遵守，不得轻有更改”。这两个条约还曾分别规定，日后如要对某些条款进行修改，应“俟十二年之后”。并且明确规定，这种修改只是由于各口岸情形不一，“所有贸易及海面各款，不无稍有变通之处”。十分明显，修改仅限于具体执行过程中的一些枝节性问题。但是，欧美各国所提出的“修约”则远不止于此。

1. 1854 年第一次修约

1853 年，英国外相克拉兰敦给驻华公使文翰发出训令，要求文翰为 1854 年的修约作准备，并指示包令要力争达到如下目标：中国沿海及内地全部开放，

至少要争取扬子江的自由航行，并进入沿江两岸直到南京为止的各城以及浙江省沿海各大城；鸦片贸易合法化；废除外国进出口货物的内地税或子口税；英国公使正大光明地驻京，至少保证英国政府代表与中国政要间公文来往的畅通无阻和英国政府代表与所在地省份的中

国巡抚之间的随时会晤。同时，法、美两国也分别要求修改条约。美国公使提出：要求在长江流域及其支流的任何口岸城市及港湾进行贸易，美国人可以进入中国内地任何地区进行贸易、传教和居住，并取得租赁、建筑的自由。法国公使除提出上述类似要求外，还要求释放非法潜入陕西从事间谍活动而被捕的法国传教士。可见，所谓的“修约”，绝不仅是对某些条款“稍有变通”，实质是要签订一个比《南京条约》更具掠夺性和奴役性的不平等条约。

事实上，在清政府中英《南京条约》及中英《虎门条约》里都没有任何修约的相关条文，但英国援引中英《虎门条约》里所谓的片面最惠国待遇，认定自己可以“一体均沾”，声称必须同样享受 12 年“修约”的权利。而中英《南京条约》是 1842 年签订的，那么这就意味着，1854 年英国人就可以修约了。英国为了给自己的修约壮大声威，分别向法、美、俄等国发出了相关照会，希望在修约活动中通力合作。法国对此反应比较积极，指示其驻华公使布尔布隆要加强法国在远东的海军力量。美国的反应最初比较谨慎，只是表示总统对英国的建议深表赞许，但是美国政府希望尊重条约规定，随其驻华公使麦莲对太平天国考察的归来，认定太平天国不属于文明世界范畴，于是明确修约之事。此时的沙俄在远东的兵力不足，仅做了一些友善的言辞与笼统的保证。

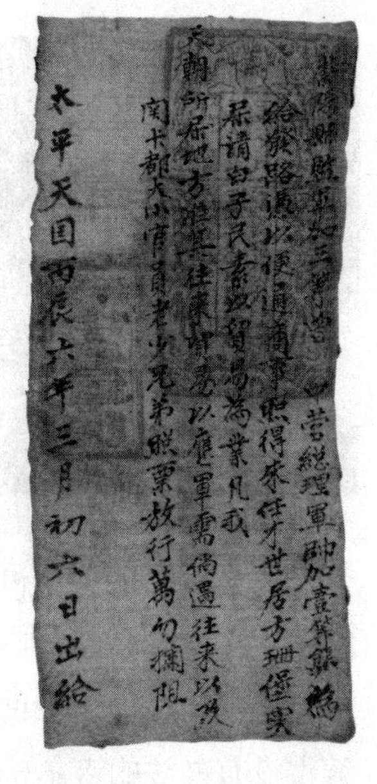

1854 年 4 月 13 日，英国新任驻华公使包令给两广总督叶名琛发来照会，其主要意思包括：我们要修约，中英之间的纠纷得有个说法，我们英国人要进城，而且要让我们与贵衙门、贵总督会晤，否则前往北京上访。最后，警告说，英国已通知法国和美国了，暗示其修约是英、法、美三国的统一行动。叶名琛虽任两广总督多年，但对国外事情几无所知。他对于英国提出的修约问题避不答复，以此来避免同侵略者发生冲突。对于所谓纠纷的问题，只是说了两句“和好”、“相安”之类的权作糊弄；对于三国统一行动，没有做出反应。但是对于包令要求的总督衙门会晤，则强烈地反对，说这是万万不行的，不过可以在城外的商馆或者虎门相见。包令再次照会叶名琛：修约很重要，你如果置之不理，那么我会将之视为默认。对此，叶名琛仍是置之不理。之后，包令第三次照会，仍提出在总督衙门会晤。叶名琛当然还是说不。于是，

包令带着武装舰队到了上海。叶名琛一听说包令北上了，马上向咸丰皇帝汇报。

6 月，英美代表到达上海，向两江总督怡良提出“修约”要求。6 月 21 日，麦莲通过苏松太道吴健彰做了诸多工作终于见到了怡良。麦莲采用利诱威胁双管齐下的手段，指出：一方面，现在江路不通，商业亏本，建议中国开放扬子江流域的贸易，如果怡良不肯代奏，那么他就亲自上访；另一方面，美国的修约也快到期了，如果两江总督做不了主，请清政府派一位钦差大臣来谈；同时声称：如果能答应这些条件，他们会帮助清政府来镇压太平天国，否则就会奏明本国，自行设法办理，并扬言要赴天津进行交涉。怡良不敢轻易答应，回答麦莲等人的是：原来的条约还是要遵守的，你们现在所说的情况不符合旧约，无法上奏；直隶总督不管夷务，所以你们即使到了天津也没用；条约内规定的修约仅仅是酌量变通而不是有这样大的更改；各国通商事宜向以两广总督专办，要他们仍回广州进行协商。第二天，麦莲交出照会一件，除了重申昨天的意思，又提出，希望中国内地全部对外开放。并且担保说，如果清政府同意的话，那么他们可以考虑帮助镇压太平军。但怡良还是想把外国人踢回广东，他向皇帝汇报说：美国人看起来比较老实，想帮咱们镇压太平军，但是没法相信啊。我看还是让他们回广东，让叶名琛办吧。面对这种情况，包令开始加紧行动，要么要求见两江总督怡良，要么要求见江苏巡抚吉尔杭阿，否则就上天津北京上访。最终，被缠得没有办法的吉尔杭阿对他们作出保证：叶钦差已接奉上谕，专办你们的建议。于是 1854 年 8 月初麦莲与包令离沪南下，但同时声明：如果不行还要回来。

对于英美要求修约的情况，江苏巡抚吉尔杭阿向咸丰汇报。咸丰帝得悉这一情况后，谕令叶名琛要对他们设法开导，坚决遵守已经签订的条约，绝不能容许凭借十二年变通的说法，让他们再有什么新的图谋。

麦莲、包令回到广东后，马上派代表给叶名琛送照会，提出修约之事。法国公使布尔布隆跟在英美之后，也发出了类似的照会。英国的照会里特别注明：希望先在广州城内或者香港与叶名琛见面，然后再谈修约之事。广州城内，叶

名琛是绝不会容许外国公使进入的。至于香港，叶名琛也是不愿意去的。他指定了两处：珠海炮台或者广州城外的英国军舰上。但是他预先声明：他只按旧条约来，如果稍有更易，他就不当家了，得跟皇帝打报告。包令在看了他的回复后很失望，和其他公使一商量，决定直接跟北京的清政府打交道。于是一行人带领五艘军舰北上。9 月期间，他们到达上海，并且表示要去天津。吉尔杭阿一看他们不是唬人的，马上阻拦，但是当然拦不住。10 月份，一行人开到了大沽口。

至此，双方展开了一场谈判。咸丰派长芦盐政文谦、天津镇总兵双锐等低级官吏参与会谈。为了显示威风，英美公使也没露面，仅派伯驾与麦华陀出面。开始，英、法、美提出要把三国公使到达白河口的事告知清朝皇帝，并想专程上京，并请清朝皇帝钦派全权大臣在京会谈。之后，咸丰帝加派前长芦盐政崇纶到大沽，专门负责谈判事务，并指示在谈判时不得稍许退让。麦莲与包令在听说来了专使后，于 1854 年 11 月 3 日，双方见面。英美公使各自亮出了自己的修约条款，也就是先前提出的一些要求。其中，英国十八条，美国十一条，法国代表虽没有递清单，但英美获得的，就是它获得的，不递也无妨。在英美提出的修约条款中的第一条就是外国公使驻京，这对于咸丰皇帝来讲是万万不行的。最终从所有条款中挑出三条咸丰认为无关紧要的予以回复，同时告诉这三国公使，让他们回广东去，将他们的修约折子返还给他们。三国使者回到了广东。

2. 1856 年第二次修约

1854 年第一次修约要求遭到拒绝时，英法正深陷在克里米亚战争中，无法抽出更多兵力发动另一场战争，因此，英法列强没有因此次修约而兴师动众。于是美国随之出面充当主角，掀起了第二次修约的浪潮。事实上，美国对这次“修约”讹诈活动做了充分准备，其积极向外扩张，采取与英法勾结侵略中国的政策。早在 1855 年，美国政府改派传教士出身的“中国通”伯驾为驻华公使。抵达中国前，伯驾根据美国政府的指示，前往伦敦和巴黎，分别与英国外交大臣克拉兰敦、法国外交大臣瓦尔斯基举行会谈，共商侵华的具体办法。

1856 年，《望厦条约》届满 12 年。美国在英法的支持下，再次提出全面

修改条约的要求。此时美国的驻华公使已换成伯驾，而美国给他的训令是：可以用军事示威作为修约的后盾；与英法两国协同合作；外国公使驻京；无限制扩大与中国的贸易；取消对外国人一切人身自由的限制。1856 年 1 月 19 日，他照会叶名琛，要求在省衙门会见叶总督，并且递交国书，但叶名琛回复说没有时间。之后，伯驾两次照会都遭到叶的冷遇，只是在第三次照会之后，叶才告诉要将他的意思转达给皇帝，而对到北京的问题则再一次告诉他还是不去为好。麦莲在大沽时就被撵回来，此时再去更没用了。

在这种情况下，伯驾联系三国公使，希望一块儿带军舰前往直隶。但是英法都没有同意，伯驾无奈，只好单独带两艘美国军舰前往直隶。7 月 15 日，他在福州会见了闽浙总督王懿德并递交国书，同样遭到拒绝。8 月 1 日，他到达上海。此时他写信给包令，希望他与法国公使可以马上带海军北上，三军会师于白河口。如果三国公使能亲临北京，那么就会有重要结果。包令的回复是：单独行动而没有一支庞大的海军舰队，中国是不会让步的；明年五六月份，我们三国共同出兵到达天津，修约才可能成功；关于太平天国，我们不想干涉，只想中立。英法公使虽然拒绝同行，但他们并不是不想侵略中国，只是认为时机还不到。

在英法公使拒绝同行之际，递给王懿德的国书又给退回来了。按伯驾的脾气，是想跑到白河口跟清政府理论，问题是海军力量不争气，就两艘船，那只蒸汽巡洋舰圣·查辛托还出了意外，不能随他的东方号北上。无奈，他只能在上海给已革职的吴健彰与他的继任者蓝蔚雯做工作，说：头断了也不能回去跟叶名琛谈了；在天津若不能见皇帝，那太平天国要与我们立约，我就会同意了。但这时，伯驾听说了太平天国发生天京事变，认识到拿与太平天国合作吓唬清政府官员可能不会起作用了，加上此时天气即将转冷，白河要封冻，于是决定启程南下。

侵略者看到修约仍然没有得逞，开始叫嚷：“除非有一个武力示威和强迫，否则是得不到条约的修改或通商以及贸易情况的改善的。”此时，已经持续有 3 年的克里米亚战争于 1856 年春结束。而在战争中获胜的英法，也得以调出较多兵力转向中国，实施其蓄谋良久的扩大在中国侵略权益的计划。同时，俄国在克里米亚战争中虽然

因其扩张而挑起战争，但最终却以自己的战败而告结束，争霸近东的企图一时受挫，国内又处在奴隶制崩溃的边缘。为摆脱国内外的困境，不甘心利益受损的沙俄竭力向远东发展势力，企图利用同中国接壤之便，由内陆向海岸进行扩张，并借助英法侵华的战火，趁火打劫，鲸吞中国北方大片领土，用侵略中国来弥补损失。为此，沙俄“不计前嫌”，转而支持英法联合发动新的侵华战争。

此时，需要的只是一个借口了。

（二）“亚罗号”事件与马神甫事件

为诉诸武力，强迫清政府就范，法国、英国相继寻找借口，蓄意制造了所谓的马神甫事件和“亚罗号”事件。

1856年10月8日，广东水师千总梁国定率兵检查了停泊在黄埔港附近的一艘名叫“亚罗号”的走私船只，逮捕了船上的两名海盗和十名涉嫌走私的中国水手。本来中国官兵缉拿中国嫌疑犯是一件很正常的事情，但由于“亚罗号”身份特殊，使事情复杂起来。

“亚罗号”是一艘中国船，曾为走私方便在香港英国当局注册，领取了一张为期一年的执照，但此时已经过期。广东水师的检查行为纯属中国内政，与英国毫不相干。英国驻华公使、香港总督包令也承认，对这艘船在“法律上不能予以保护”，但他遵照英国政府“决不让步，决不放过一件小事”的指示，同意并支持英国驻广州代理领事巴夏礼致函清政府的两广总督叶名琛，称“亚罗号”是英国船，捏造中国兵勇曾侮辱悬挂在船上的英国国旗，要求送还被捕者，并赔礼道歉。同时，威胁叶名琛在48小时内给予答复，否则，英国海军将采取军事行动。叶名琛起初据理力争，驳斥说：“到艇捉拿嫌犯的时候，那艘船上并没有旗号，这已经是证明了的事情，扯落旗帜从何谈起呢？”但是，侵略者咄咄逼人，在10月21日巴夏礼向叶名琛发出通牒：限期24小时之内接受英方全部要求。叶名琛害怕事态扩大，立即答复说：以后会尊重条约与英国国旗；捉拿的水手可以放回。在10月22日，距离最后期限还有一个小时的时候，叶名琛将被捕的十二名水手全都送回到英领事馆。叶名琛的妥协行为，大大助长了英国

侵略者的嚣张气焰。英方本意是在挑衅，所以巴夏礼为进一步扩大事态，百般挑剔，乘势故意刁难，借口礼貌不周或所派官员职位不高，拒绝接受。同时按照他们事先的侵略预谋，命令军舰闯入中国的海口，进攻沿江炮台。

法国为参加侵华战争，也制造了一起所谓的“马神甫事件”（又称“西林教案”）。法国天主教神甫马赖，非法潜入广西西林县行凶作恶三年多，1856 年被当地官府处死。当时，法国在远东的力量微弱，仅有大小战舰四艘、海军陆战队六百名，主要侵略的目标是越南。法国为换取英国支持它在越南的“自由行动”，并取得天主教在中国传教不受干涉的保证，从中获得侵略权益，便接受英国的建议，打起“保护圣教”的旗号，派遣葛罗为全权专使，率领一支侵略军，继英军之后来到中国。

（三）美俄加盟到英法武力侵华的队伍中

美国和俄国为达到共同分赃的目的，也分别派遣公使列卫廉和普提雅廷到中国，与英法策划“联合行动”。但此时，美国因为处于南北战争的前夕，国内政局不稳，所以没有直接出兵，而是带着坐收渔人之利的心理加入英法联合战线。美国政府希望能够实现公使驻京、扩大商业往来范围、减低内地税等，由于现实原因，无法直接动用武力，所以最初宣称要在非武力范围内解决问题。但同时，又一再强调，如果不能解决问题，则还是要听从美国政府的决定。实际上还是要动用武力。

俄国虽然刚在克里米亚战争中败于英法，但怀着早已明确的向中国扩张领土的野心，也加入这一阵线之中。事实上，正当英法美忙着联合的时候，俄国已经侵占了中国黑龙江及库页岛的诸多战略要地并开始了自己的黑龙江移民计划。而当英法美已经联合起来之后，俄国也急忙派代表来加入其中。

于是，四国形成了侵略中国的联合阵线。

三、英法联军侵占广州

第二次鸦片战争先后持续了近四年时间，历经两个阶段。战争的开端仍是像第一次鸦片战争一样在广东开战，之后英法联军则在俄、美的帮助之下，一路北上进犯大沽口，直至进逼北京。

（一）英军攻打广州及美国的虚伪“中立”

1856 年 10 月 23 日，英国海军上将西马縻各厘率领英国军舰突然闯入虎门海口，进攻珠江沿岸炮台，悍然挑起侵略战争。英军炮轰广州城，并一度攻入内城。对于英军的挑衅，叶名琛不作抵抗。

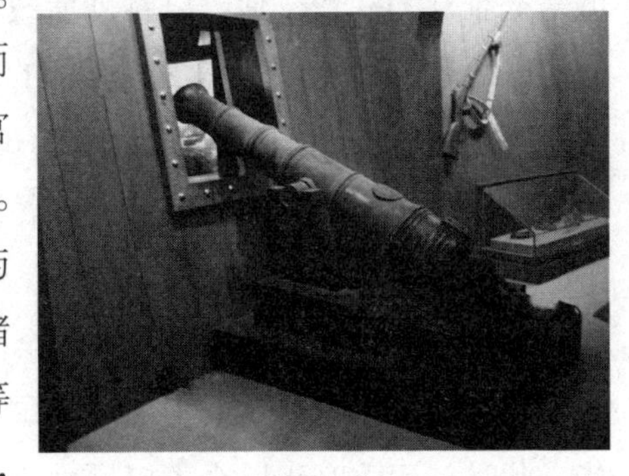

此时两广总督叶名琛不作准备，反而在校场看乡试马箭，并对手下受惊吓的官员说：没事儿，天一亮他们就自动撤了。并下令，中方的军队和舰船不得还击。与之相反，广东人民和部分爱国清军，目睹侵略者炮轰城市、劫夺船只、焚烧村庄等种种暴行，义愤填膺，他们通过多种形式，机智勇敢地痛击敌人。12 月，广州人民愤怒地烧毁了侵略者盘踞的广州十三行。英军因兵力不足，被迫于 1857 年 1 月退出珠江内河，等待援军以扩大侵略战争。

在此过程中，美国一面虚伪地声称保持“中立”，一面出动原停泊在香港的三艘军舰，配合英舰行动。以美国驻香港领事凯南和驻广州领事柏雷为首的侵略者还直接参与暴行。凯南亲自把美国国旗插在广州城墙的缺口上，后来又把这面旗子带进广州城内，并且还用手枪向中国人群射击。美国海军陆战队官兵还趁火打劫，同英国侵略军一道参加了抢劫行动。柏雷在报告中无耻地供认：当广州城破约半小时后，他发现完全占有该地的英国人，包括军官、士兵以及水手，正在拿走一切为他们所喜爱的东西。在总督衙门里遇见了西马縻各厘上

将阁下，“和善”地允许其拿一些东西作为这天事变的纪念品，实质是抢劫的赃物。

（二）英、法、俄、美的四国联合与广州被攻占

英国政府于1857年3月任命前加拿大总督额尔金为全权代表，率领一支海军来中国进行战争讹诈，同时照会法、美、俄三国，提议联合出兵。法国政府任命葛罗为全权代表，率军来华协同英军行动。此时的美国本想通过侵略战争扩大其在华特权，获取更大的利益，但由于国内北方资本主义的发展同南方奴隶制种植园经济的矛盾日益尖锐，国内政局不稳,因此对英国的提议，表示愿意“一致行动”，但不直接出兵。沙俄趁英国挑起新的侵华战争之机，进一步加紧了侵略中国北方领土的罪恶活动，对英国政府的提议，立即“欣然允诺”。沙俄派普提雅廷为驻华公使，以帮助清政府镇压太平军为诱饵，要求清政府割让黑龙江以北乌苏里江以东和中国西部的大片领土。交涉失败后，普提雅廷乘军舰赶赴上海，与英国驻上海领事一起策划所谓的“联合行动”。这样，英、法、美、俄四国基于共同的侵略利益，暂时结成了对华侵略集团，进一步扩大由英国之前挑起的第二次鸦片战争。

1857年12月，英法联军5600余人（其中法军1000人）在珠江口集结，准备大举进攻。美国公使列卫廉和俄国公使普提雅廷也到达香港，与英法合谋侵华。此时，清政府正以全力镇压太平天国和捻军起义，对外国侵略者采取“息兵为要”的方针。两广总督叶名琛忠实执行清政府的政策，不事战守，不做应敌的准备，对曾被英国侵略军破坏的虎门要塞几座炮台，他既不派人作任何修

整，也不重调水师防守。广东内河水师的战船大部分破损，他也不加添造。同时，不准广州军民抵抗，大批裁撤团练兵勇。在广州人民愤怒焚毁十三洋行商馆之后，他竟下令把所有团练乡勇撤出省城。原陆续聚集在广州四周的三万多兵勇，绝大部分被裁，陆路壮勇原有一万多人，被裁五分之四，所存者不到两千人。广州事实上已成为不设防的城市。

1857 年 12 月 12 日，额尔金和葛罗分别向叶名琛发出照会，要求入城“修约”，赔偿损失，并限令十日内答复。在此之际，英法联军舰队已悄悄离开香港，向虎门驶去。由于未受到广东水师的任何阻挡，联军舰队十分顺利地进入珠江内河，兵临广州城下。12 月 15 日，几十艘敌舰在珠江主航道上集结，集中炮火猛轰与广州城隔江相望的河南地方。随后，英法侵略军海军陆战队登陆，占领该地，为进一步进攻广州城夺得了立足点。20 日，联军舰队又进泊广州五仙门外的珠江水面，形势危急，日甚一日。但叶名琛对战守问题仍漠然置之。

27 日夜，英法侵略攻城迹象已十分明显。但在这紧急关头，叶名琛却要文武官员赴督署为他祝寿。叶名琛不作战守准备，固然是对外国侵略者的本质和发动战争的野心认识不清，以为敌人不过是“虚张声势”，再有一个重要原因是他愚蠢地迷信所谓神仙的“乩语”。他在城北建有长春仙馆，供奉吕洞宾、李太白二“仙”，一切军务皆取决于神仙。据说，这次的“乩语”告诉他，过了阴历十一月十五日（公历 12 月 30 日）便可无事。因此当部将僚属请他准备打仗时，他便颇为自信地说：“不要惊慌了，仙乩上已经说十五天后便没事了。”此种状态又怎能逃脱失败的厄运？

12 月 28 日，英法联军炮击广州，并登陆攻城。都统来存、千总邓安邦等

率兵顽强抵御，29日失守。侵略军进入广州城后，烧杀抢掠，仅从布政使衙门抢走的白银就达二十二万七千两。广东巡抚柏贵、广州将军穆克德讷投降，并在以巴夏礼为首的“联军委员会”的监督下继续担任原职，在英法监视下组织了中国近代史上第一个地方傀儡政权。而叶名琛则在1858年1月5日，由巴夏礼率英兵百余人将其捕获，将他掳至观音山，当晚移到船上。数日后押往印度加尔各答，囚于边海的“镇海楼”上。叶名琛自称“海上苏武”，每日吟诗作画，1859年死在那里。时人曾讥讽他：“不战不和不守，不死不降不走，相臣度量，疆臣抱负，古之所无，今亦罕有。”

在叶名琛被捕后的第三天，广东的一些高级官员集体上奏说：广州城失陷了，叶总督被抓走了，要咸丰皇帝赶紧再派一个钦差大臣来。在十天前，咸丰还曾经收到叶名琛奏报的胜利消息，而此时却是这种情况，这对于咸丰皇帝不能说不是一个打击。

侵略军占领广州期间，当地人民进行了不屈不挠的斗争。广州附近义民在佛山镇成立团练局，集合数万人，御侮杀敌。据1858年7月5日香港《中国邮报》报道：“广州的局势一天比一天糟糕，每天晚上都有火箭投射到联军的阵地上。城郊充塞着乡勇（志愿兵），大家都认为他们中有很大一部分就在距我们哨兵几百米的地方转来转去。至于城内，即使是几条大街上，甚至在光天化日之下，只要不成群结队地武装外出，那么对外国人来说也很少有安全可言。”香港、澳门爱国同胞也纷纷罢工，以示抗议。

四、大沽口作战与《天津条约》的签订

英法侵略军侵占广州，除对清朝的财政来源带来影响外，还没有直接威胁到咸丰帝的统治地位。因此，咸丰帝一面命柏贵“相机筹办，以示羁縻”，一面又命黄宗汉为两广总督，仍寄希望在广州就地解决问题。但英、法两国为了实现蓄谋已久的侵略目的，决定乘势北上，最终在大沽口战端再起，随之签订不平等条约。

（一）大沽口之战

英、法、美、俄四国公使经过一番紧张的谋划，立即携带照会北上。1858年2月11日，列强将照会转递清政府。英法照会内容大体相同，主要有外国公使进驻北京、开放新口岸、外国人自由进入内地游历传教、改订关税税率、保护教徒、赔偿军费和广州侨民损失等项。美国照会中表明，它没有参加广州之战，所以没有要求赔偿军费和损失，但其余内容同英法照会大体相同。俄国的照会是两部分，一部分是公开的，英、法、美都知道其中的内容；另一件则是秘密的，背着英、法、美三国的使节偷偷塞进公开照会的“附件”中，恶劣地要求清政府割让黑龙江以北和乌苏里江以东广大地区，还无理要求在伊犁地区分明界址，并且暗示这些要求是其他三国同意的。与此同时，四国要清政府于3月底以前派出有权力的钦差大臣到上海进行谈判。他们声称：如果清政府接受所提要求，可从广州撤军，交还广州城；否则，将举兵北上，扩大战争。

咸丰帝得悉四国照会后，并未同意其要求，且分别照会四国，要求英、法、美三国公使返回广州，与新任两广总督黄宗汉商办；俄国与五口通商素无关系，要求俄使到黑龙江与黑龙江将军奕山交涉。对于咸丰的这种态度，马士曾这样

评价：“尽管在广州受过打击，尽管太平军的蔓延，尽管中国政府的无能已经充分证实，可是清廷却没有受到一点教训和减少一点它的骄气。”咸丰帝的态度使英、法、美、俄四国侵略者大为不满。他们认为天津是北京的门户，又是漕运枢纽，只要能够控制天津就可逼迫清政府屈服。于是决计北上，进犯白河口。事实上，在照会发出后，四国公使相继离开香港、澳门前往上海，临行前，俄国公使普提雅廷提醒英、法两国公使，只有用武力进攻大沽口，清政府才会屈服。而进逼大沽口的最好时间是在四五月间。

1858 年 4 月，四国公使率舰陆续来到大沽口外，当时，英法舰队尚未集中完毕，但额尔金进攻心切，不等舰队完全集中就要率舰闯入海河，进犯天津。葛罗对此提出异议，认为目前兵力不足，主张一面加紧军事准备，一面强烈要求清政府派出全权大臣进行谈判，待战事准备就绪后，再寻机使谈判破裂，然后向大沽和天津大举进攻。葛罗的建议被英、美、俄三国公使采纳。于是，各国公使分别照会清政府，要求指派全权大臣进行谈判。英、法照会口气十分强硬，限令六天内必须给予圆满答复，并扬言：万一不能满足所提出要求，必定采取断然行动。俄、美的照会还表示愿意充当“调停人”。

面对这种形势，咸丰帝一面命令清军在天津、大沽设防，一面派直隶总督谭廷襄为钦差大臣，前往大沽办理交涉。同时，咸丰帝对于英、法、美、俄四国相互勾结合谋侵华这一新的形势认识不足，仍对美俄的所谓的“调停”抱有幻想，把问题解决的希望寄托在俄美公使的“调停”上，颇费心思地去寻求对策，设法分解拆散四国在外交上的联合。但结果非但未使英法所获得的侵略权益减少，反而使美俄增加机会，以调停人身份从中渔利。

英、法侵略者并无谈判诚意，只是以此拖延时间，加紧军事准备。在一切准备就绪后，5 月 20 日，侵略军突然闯进大沽口，炮轰大沽炮台。驻守炮台的官兵奋起抵抗，与侵略军炮战两小时，由于直隶总督谭廷襄等文武官员毫无斗志，带头逃跑，加以炮台设施陈陋，使得大沽炮台很快失陷。侵略军占据大沽炮台后，直犯天津，26 日，侵入天津城郊，并扬言要进攻北京。清政府急忙派

遣全权大臣大学士桂良和吏部尚书花沙纳，赶往天津向侵略者求和。

（二）城下之盟：《天津条约》

1858 年 6 月初，谈判开始。俄美公使则扮演“调停人”的角色，并利用“调停人”这一身份，以狡诈的手段，抢先与中国签订条约，而英法也随后将其提出的不合理要求以条约的形式确定下来。

1. 俄、美：抢先摘果子者

沙皇俄国原是一个欧洲国家。16 世纪下半叶开始向东扩张，到 17 世纪中叶，把侵略魔爪伸到了黑龙江流域和贝加尔湖以东地区。1689 年，中俄缔结了第一个边界条约《尼布楚条约》，规定以格尔必齐河、额尔古纳河和外兴安岭往东至海，为中俄东段边界。从法律上肯定了黑龙江和乌苏里江流域，包括库页岛在内的广大地区，都是中国领土。到 19 世纪三四十年代，沙俄越过边界，在中国领土上修筑炮台、营垒，建立军人村。鸦片战争后，清政府忙于对付外来殖民者和镇压太平天国革命，造成了北方边疆防备空虚。俄国乘虚而入，加紧蚕食和非法占领黑龙江流域和巴尔喀什湖以南的许多战略要地。19 世纪 50 年代至 80 年代，正是俄国资本主义迅速发展的时代。这一时期，俄国不断蚕食其周边地区，中国成为其掠夺的主要对象。1850 年，俄国侵占了黑龙江下游城镇庙街。1854 年至 1856 年，又三次派遣舰船，闯入我国黑龙江进行武装挑衅，并强占了海兰泡等地。而且，俄国一直在寻找机会，想用条约的形式把所占领的中国领土固定下来。因此，在第二次鸦片战争时，与英、法不同，沙俄“选定了一个没有人能与它匹敌的领域——外交领域”，表面上充当调停人，采取趁火打劫和外交讹诈的卑鄙手段，趁机侵占了大片中国的领土，成为第二次鸦片战争期间最大的获利者。

1856 年，在英法联军进攻广州之时，俄国派普提雅廷为公使，与清政府谈判边界问题。1858 年 5 月 22 日，即英法侵略军攻占大沽炮台的第三天，沙俄

东西伯利亚总督穆拉维约夫，突然率兵直趋瑷珲城，武力要挟重新划定两国边界，最终在 5 月 28 日，俄国用武力强迫黑龙江将军奕山签订了中俄《瑷珲条约》。根据这个条约，俄国强行割占了黑龙江以北、外兴安岭以南的六十多万平方公里的土地，只有江东六十四屯归中国管辖；原属中国的乌苏里江以东约四十万平方公里的土地，改为中俄共管。除此之外，俄国还夺取了黑龙江和乌苏里江的航行权，为自己开辟了黑龙江通往太平洋的通道。恩格斯在揭露沙俄侵华罪行时指出：俄国通过《瑷珲条约》“从中国夺取了一块大小等于法德两国面积的领土和一条同多瑙河一样长的河流”，因此“沙俄不要花费一文钱，出动一兵一卒，而能比任何一个参战国得到更多的好处”。

1858 年 6 月 13 日，俄国与清政府签订中俄《天津条约》12 款，除了从前旱路上的划定地点外，沿海路开放七个口岸：上海、宁波、福州、厦门、广州、台湾、琼州。若别国再在沿海增加口岸，准俄国一律照办；同时还攫取了内地传教、领事裁判权和片面最惠国待遇等一系列特权。在中俄《天津条约》第 9 款还特别规定，两国派员查勘“以前未经定明边界”，“务将边界清理补入此次和约之内”，以便日后解决，从而为沙俄进一步掠夺中国领土埋下了伏笔。此外，在中俄《天津条约》中还规定，要在一年内换约执行。

由于俄国所提的要求中没有公使驻京、长江航行一类清朝统治者极为敏感的要求，也没有提出在北京换约的问题，因此对于俄国的条约问题，双方签订得很顺利。而在清政府与英法之间的谈判中，英法态度强硬。为此，清政府还向军机处发出谕旨，向俄国公使提出，要其向英法说情。

1858 年 6 月 18 日，清政府与美国签订了中美《天津条约》三十款。主要内容包括：一是美国表示，中美友好不因小事而起冲突，如果有其他国家对中国不公平，美国情愿协助调处。二是美国遇到紧要的事情，可前往北京，不过一年只准去一次，办完事就走，去时随行人员只准带二十人。三是除广州、潮州、厦门、福州、台湾、宁波、上海与美国通商外，其他国家所开口岸，也任由美国人前往贸易、居住。最后，条约中也规定，一年内互换和约来执行。

这样，美国也以调停人的身份攫取

了巨额利益。

2. 清政府与英法的《天津条约》

在英法提出的各项要求中，最叫咸丰帝感到头痛的是外国公使驻京、增开通商口岸、外国人可入内地游历传教几项。为了维护“天朝”尊严，必须绝对禁止外国人驻京。如果北京出现与自己地位平等、不肯跪拜的“夷人”，则完全失去了“天朝”的尊严，势将大大削弱对国内人民的统治。实行“各口通商”“内地游历传教”，则有可能使外国人同反对清朝统治者的中国人民“勾结”起来，后果将不堪设想。因此咸丰命桂良等一再讨价还价，不肯轻易让步，有时甚至想到在万不得已的情况下，对英法动武。但最终，在英国代表骄横要挟之下，桂良等于1858年6月26日、27日分别与英法订立中英、中法《天津条约》。中英《天津条约》共五十六款，附约一款；中法《天津条约》共四十二款，附约六款。主要内容是：外国公使常驻北京；增开牛庄（后改营口）、登州（后改烟台）、台湾（后定为台南）、淡水、潮州（后改汕头）、琼州、汉口、九江、南京、镇江为通商口岸；外籍传教士得入内地自由传教；外国人可在内地游历、通商；外国商船可在长江各口岸往来；修改税则，减轻商船吨税；对英赔款白银四百万两，对法赔款白银二百万两，等等。

此外，英、法、美、俄四国还与清政府在《天津条约》中商定，于一年之内在北京互换条约批准书。

《天津条约》是《南京条约》的扩大。英、法、美、俄四国逼迫清政府签订的《天津条约》的内容虽不尽相同，但因有享受最惠国待遇条款的规定，因此，四国从中国攫取的侵略权益，实质上是完全相同的。

《天津条约》签订后，英法侵略军达到了自己的目的，从大沽口撤出，清政府受到的武力威胁暂时得到缓和。

五、京师外围战与《北京条约》的签订

《天津条约》的签订“不仅不能巩固和平，反而使战争必然重起”，因为英法侵略者远不满足于已经攫取的权益，说什么“条约中有关商务条款不能令人满意”，为向中国勒索更多的特权，极力寻找借口，准备重新发动战争。最终，蓄意利用换约之机再次挑起战争，并极力扩大战争，最终以《北京条约》的签订使第二次鸦片战争得以结束。

（一）换约未成与战端再起

《天津条约》签订一年后，双方要在北京换约。而此时，尽管在《天津条约》签订后，京畿危机暂时得到缓解，但咸丰皇帝却对条约中的相关条款忧心忡忡。咸丰皇帝担心外国公使驻京会损害自己的尊严与声威，而且会带来不可预测的肘腋之变，以及因外国人进入内地而引起内忧等，认为“以派员驻京、内江通商及内地游行、赔缴兵费始退还广东省城”等四项内容，“最为中国之害”。因此，清政府宁愿通过免除关税来换取对条约的修订。这样，对条约内容深感忧恐的咸丰，令桂良等在上海与英法代表谈判通商章程时，交涉修改《天津条约》，取消公使驻京、内地游历、内江通商等条款，并设法避免英法到北京换约。

1858 年 11 月，桂良等与英、法、美代表分别签订了《通商章程善后条约》，规定：鸦片贸易合法化；海关对进出口货物照时价值百抽五征税；洋货运销内地，只纳百分之二点五的子口税，免征一切内地税；聘用英国人帮办海关税务。

但是，远不满足从《天津条约》攫取的种种特权的英法两国，不容变更《天津条约》的各项条款，并坚持要在北京换约。

1859 年初，英法政府分别任命普鲁斯和布尔布隆为驻华公使。6 月，在拒绝桂良提出的在沪换约的建议后，英国公使和美国公使华若翰各率一支舰队到

达大沽口外，企图以武力威慑清政府交换《天津条约》批准书。清政府以大沽设防，命直隶总督恒福照会英法公使，指定他们由北塘登陆，经天津去北京换约，随员不得超过20人，并不得携带武器。英法公使断然拒绝清政府的安排，坚持以舰队护送公使经大沽口溯白河进京。

6月24日，他们炸断了白河上两根拦河大铁链，拔毁了河上的铁戗。大沽一带防务，自1858年英法舰队退走后，清政府即命科尔沁亲王僧格林沁负责。6月25日，英法联军突然向大沽炮台进攻。守卫炮台的爱国将士忍无可忍，奋起自卫还击。在僧格林沁的指挥下，守军英勇抵抗，战斗异常激烈。直隶提督史荣椿、大沽协副将龙汝元身先士卒，先后阵亡。炮台附近的人民冒着枪林弹雨为战士们送饼送面，表现了高度的爱国热情。中国军队在大沽口痛击侵略者，是完全正义的行动。对此，马克思在论述这次战役时指出："既然《天津条约》中并无条文赋予英国人和法国人以派遣舰队驶入白河的权利，那么非常明显，破坏条约的不是中国人而是英国人，而且，英国人预先就决意要在规定的交换批准书日期以前向中国寻衅了。""中国人抵抗英国人的武装远征队，毫无疑义地也是有理的。中国人的这种行动，并没有破坏条约，而只是挫败了英国人的入侵。"

经过一昼夜激战，英法联军惨遭失败，损失舰艇多艘，死伤近五百人，英国海军司令何伯受重伤，副司令伤重而死，其余侥幸活下来的都狼狈地逃出了大沽口。

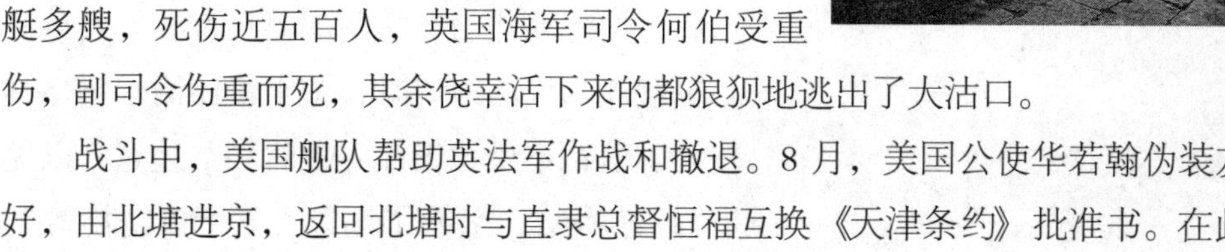

战斗中，美国舰队帮助英法军作战和撤退。8月，美国公使华若翰伪装友好，由北塘进京，返回北塘时与直隶总督恒福互换《天津条约》批准书。在此之前，俄国代表已在北京换约。

（二）战争扩大：英法联军进逼北京

英法联军进攻大沽惨败的消息在1859年9月的时候传到欧洲，英国的伦敦与法国的巴黎一片哗然，叫嚷要对中国"实行大规模的报复"。法国在大沽的损失相当小，但他们的反应也是相当强烈。一个海军上尉说："长久以来，文明首

次在我们所称的野蛮面前止步了”，为了法兰西国旗的荣誉，“远征中国应坚定不移”。就英国方面来看，反应十分激烈。伦敦《每日电讯》宣称，英国应“攻打中国沿海各地，占领京城，将皇帝逐出皇宫”，借以“教训中国人”，让英国人“成为中国人的主人”。《泰晤士报》说：“英国要与法国一起，必要时甚至要单独行动，好好教训一下这些不讲信义的乌合之众；要使欧洲人的名字从此在他们整个领土上成为令人敬畏（如果不是令人喜欢的话）的通行无阻的保障。”英国的巴麦尊内阁从1859年9月16日起，八天之内开了四次内阁会议，最终确定向中国出兵。

1860年2月，英法经过讨价还价，组织了侵华联军。英方出兵一万二千人，总司令格兰特，法方出兵七千人，总司令孟托班，两国政府分别再度任命额尔金和葛罗为全权代表，二百多艘舰船，再度开到中国，扩大侵华战争。

1860年3月，英法联军根据各自政府的训令，向中国发出了最后通牒，提出四项要求。一是为1859年的大沽口事件向英法道歉并归还被清方缴获的枪炮船只；二是有礼貌地接待英法公使进京换约并履行该条约；三是今后英国公使是否驻京由其自己决定；四是为大沽口事件向英法赔偿，数目的多少以上述三项条件履行的快慢来确定。对此，清政府一概拒绝。4月，英法联军占领舟山。五六月，英军占领大连湾，法军占领烟台，完成了对渤海湾的封锁，并以此作为进攻大沽口的前进基地。俄国公使伊格纳季耶夫和美国公使华若翰也于7月赶到渤海湾，再次以“调停人”为名，配合英法行动。清政府在大沽战役获胜后，幻想就此与英法两国罢兵言和。当英法军舰逼临大沽海口时，咸丰帝还谕示僧格林沁、恒福不可“仍存先战后和”之意，以免“兵连祸结，迄无了期”，“不可贪功挑衅”，“总须以抚局为要”，并派恒福与英法使者谈判。前敌统帅僧格林沁则以为敌军不善陆战，因而专守大沽，尽弃北塘防务，给敌人以可乘之机。伊格纳季耶夫为英法提供了北塘未设防的情报。

8月1日，英法联军军舰三十多艘，由俄国人带路，在北塘登陆，没有遇到任何抵

抗。8 月 12 日，联军出兵八千余人，分两路攻打新河、军粮城，蒙古骑兵两千人分路迎战。不久，蒙古骑兵退守塘沽。14 日，塘沽陷落。8 月 21 日，英法联军水陆协同作战，进攻大沽北岸炮台。守台清军在直隶提督乐善指挥下，英勇抗击，双方从早晨 5 时开战，到 8 时炮台失陷，千余名官兵集体殉国。联军损失也不少，英方死二十二名，伤一百七十九名；法军死四十名，伤一百七十名。10 时半，大沽北岸炮台全部失守。清政府本无抗战决心，咸丰帝命令僧格林沁离营撤退，清军于是逃离大沽，经天津退至通州（今北京通县），大沽失陷。由于白河两岸没有清军的截击，天津成为不设防的城市，侵略军得以长驱直入，占领天津。24 日，在天津地方官“优以礼待”的迎候下，巴夏礼进入天津城内。随后，额尔金、葛罗和伊格纳季耶夫也相继到达天津。

清政府急派桂良等到天津议和。英法提出，除须全部接受《天津条约》外，还要增开天津为通商口岸，增加赔款以及各带兵千人进京换约。此时，咸丰认为：城下之盟本来就是自古以来十分可耻的事情了，如果在加上赔偿银钱，那中国难道真的是没有人了吗？不退兵而索要现银，这岂不是用刀架在脖子上来勒索吗？并且认为，西方国家拥兵换约，“心藏叵测”，担心清政权随之被推翻，因而桂良等人对于英法提出的要求予以拒绝，谈判破裂。

之后，清政府再派怡亲王载垣、兵部尚书穆荫为钦差大臣，取代桂良，到通州议和，但双方争执不下。由于咸丰帝曾下过谕旨：必要时可将巴夏礼及随从等人“羁留”在通州，不要让其返回。因此，载垣等人当即告知僧格林沁将其截拿。于是连同巴夏礼在内，英方的 26 人和法方的 13 人，同时在张家湾被俘。载垣等人认为：巴夏礼“善能用兵，各夷均听其指使，现已就擒，该夷兵心必乱，乘此剿办，谅可必操胜算”。至此，通州谈判破裂。

9 月 18 日，英法联军四千人向张家湾进攻，僧格林沁率兵抵抗，终以英法占领张家湾而告结束。21 日，清军与英法联军在八里桥展开激战，统帅僧格林沁等率先逃走，致使全军动摇，而遭败绩。22 日，咸丰帝带领后妃和一批官员

仓皇逃往热河（今河北省承德市），令其弟恭亲王奕留守北京，负责和议。在英法联军进攻北京时，俄使伊格纳季耶夫又向英法提供了北京防卫的情况，并指出城防薄弱之处。10 月 13 日，英法联军攻入安定门，控制北京城。

（三）圆明园万劫不复

英法侵略军从北塘登陆后，一路烧杀抢掠，野蛮地洗劫了天津和北京，并闯入北京西郊的圆明园，大肆抢劫，每个军官和士兵的口袋和背包都塞满了金银财宝。

圆明园有“万园之园”的美誉，是在明代园林的基础上，历经康熙、雍正、乾隆、嘉庆、道光和咸丰等朝一百五十多年的不断增修扩建而成的。园内本身融汇了东西方建筑艺术的精华，在世界园林史上占有突出的地位。在圆明园中藏有各种无价珍宝、稀世典籍和珍贵的历史文物。法国学者伯纳·布立赛将圆明园和法国来比较，他说：中国的圆明园等于法国的凡尔赛宫加上罗浮宫再加上国家图书馆。

人们常说：希腊有巴特农神庙，埃及有金字塔，罗马有斗兽场，巴黎有圣母院，而东方有圆明园。要是说，大家没有看见过它，但大家梦见过它。这是某种令人惊骇而不知名的杰作，在不可名状的晨曦中依稀可见。宛如在欧洲文明的地平线上瞥见的亚洲文明的剪影。法国作家雨果曾这样对圆明园大加赞美：

请您用大理石　汉白玉　青铜和瓷器建造一个梦

用雪松做屋架　披上绸缎缀满宝石

这儿盖神殿　那儿建后宫放上神像放上异兽

饰以琉璃饰以黄金施以脂粉

请诗人出身的建筑师建筑一千零一夜的一千零一个梦

添上一座座花园　一方方水　一眼眼喷泉

请您想象一个人类幻想中的仙境

其外貌是宫殿　是神庙

这样一个宏伟瑰丽的大园林和珍藏

宝库，在英法强盗到来之后，一切都随之消失了。英法联军进入圆明园后，格兰特与孟托班放手让士兵们大肆抢劫。由于园内的珍宝不计其数，以至于一些人都不知道该拿什么好。甚至格兰特觉得有人抢得多，有人抢得少，甚至有人没有机会去抢，这不公平，所以叫大家交公来进行拍卖，总计得十万英镑。拍卖后，大家分钱。三分之一给军官们，三分之二给士兵。而拍卖委员会给了他一件纪念品，就是皇帝洗手用的黄金水壶。孟托班把法军发现的一个金库里的金子平分出二分之一，连同一只宝石手杖送给格兰特，以此作为送给英国女王的礼物；另一半金子给他们的法国皇帝。在抢劫的同时，他们还把不能搬走的东西，都毁坏掉。为了掩盖罪行，1860 年 10 月 18 日，英法侵略联军放火烧毁了这座融汇中外建筑艺术精华、举世闻名的皇家园林，曾经的美丽化为焦土。

雨果愤怒地谴责了这一震惊世界的暴行："有一天，两个强盗闯入了夏宫(圆明园)，一个动手抢劫，一个把它付之一炬。原来胜利就是一场掠夺。胜利者窃走了夏宫的全部财富。收藏在这个东方博物馆里的，不仅有杰出的艺术品，而且还保存有琳琅满目的金银制品。即使把我国所有圣母院的全部宝物加在一起，也不能同这个规模宏大而富丽堂皇的东方博物馆媲美。这两个强盗就是英吉利和法兰西。"连当时在场的英国强盗戈登，也不得不承认"我们就这样以最野蛮的方式，摧毁了世界上最宝贵的财富……你想象不到这座宫殿有多么华美壮丽，更不能设想法军、英军把这个地方蹂躏成什么样子"。

（四）英法美《北京条约》的签订

英法联军在焚毁圆明园后，扬言要炮轰北京城，捣毁清皇宫。奉命谈判求和的奕訢，请求沙俄公使从中斡旋。俄国公使伊格纳季耶夫提出解决中俄边界问题作为调节的先决条件，然后向奕说，中国"在目前情况下进行抵抗是不可能的"，"必须同意联军的一切要求"，实际是要求清政府无条件投降。在侵略者武

力逼迫下，清政府屈服了。

1860 年 10 月 24 日、25 日，奕訢分别与额尔金、葛罗交换了《天津条约》批准书，同英法分别签订了屈辱的《北京条约》，美国也根据“一体均沾”的条款分享各项特权。在中英《北京条约》中主要规定：一是《天津条约》继续有效；二是增开天津为商埠；三是中国对大沽事件表示“惋惜”；四是赔款数额由《天津条约》规定的四百万两增加为八百万两；五是英国公使如何驻京、是否驻京，以后由英国自行决定。六是割让九龙司归于英属香港界内；七是中国皇帝要颁布谕旨给各省督抚大员，将《天津条约》及《北京条约》刊发各地，让大家都知道。在上述条款都实现后，英国从北京和舟山撤兵。

在中法《北京条约》中同样规定,《天津条约》继续有效，并即日起施行；而大清皇帝对上年大沽事件表示“悔惜”。同时，在条约中规定中国退还以前没收的天主教堂和教产，法方还擅自在中文约本上增加“并任法国传教士在各省租买田地，建造自便”；而赔偿数额则由《天津条约》时的两百万两增加为八百万两。

此外，在《北京条约》中还规定，准许英、法招募华工出国，恤金英国 50 万两，法国 20 万两。至此，第二次鸦片战争结束了。

（五）俄国再次渔利

1860 年 11 月，中英、中法《北京条约》签订后，英法联军开始撤离北京。俄国驻中国公使伊格纳季耶夫以“调停有功”为借口，提出了新的领土要求，向清政府提交了一份新的条约草案和俄国单方面绘制的东部边界地图，逼迫清政府“一字不能更易”地答应下来。扬言如果不答应,“兵端不难屡兴”。11 月 14 日，奕訢被迫在中俄《北京条约》上签字。条约将乌苏里江以东包括库页岛在内的四十万平方公里的土地划归俄国，增开喀什噶尔为商埠，并在喀什噶尔、库伦设领事馆。同时，俄国还将由其提出的中俄西部边界走向强加给中国，即：把中国境内的湖泊河山，作为划界的标志，这为进一步掠夺中国西部领土制造了条约根据。

在第二次鸦片战争结束后，沙俄于1864年又通过武力威胁和外交讹诈，强迫清政府订立《勘分西北界约记》，割占中国西北巴尔喀什湖以东以南四十四万平方公里的土地。到1881年，又通过《中俄改订条约》及以后的几个勘界议定书，割占中国西部七万平方公里的土地。

通过军事侵略和讹诈，沙俄共割占中国领土一百五十多万平方公里，其面积相当于三个法国，六个英国，成为历史上侵占中国领土最多的国家。这在国际关系史上是一次骇人听闻的无耻掠夺。这也使得中国的领土完整遭到进一步破坏，对以后中国历史发展带来不可估量的严重影响。